JN234997

これからの「労働組合」の話をしよう

生き残るための戦略

髙橋基樹

Bkc

まえがき

日本全体が「冬ごもり」をしているかのようです。消費は低迷を続け、多くの人が将来に不安を抱え、うつむき加減で歩いている状態です。

少子高齢化社会の到来、将来の社会保険・年金の不安、深刻になる価格破壊、生産拠点の海外進出に伴う国内産業の衰退、増加する若年労働者の非正規雇用等々、わが国はさまざまな問題を抱えています。


そのような中で、バブル経済崩壊以降、労働組合の存在が見えなくなっています。

2010年の春闘で、多くの労働組合がベースアップの要求を行いませんでした。かつて、労働組合の最重要テーマは、「大幅なベースアップを獲得し組合員の生活を豊かなものにする」というものでした。ベースアップの要求ができなくなっている今、労働組合は、新たな活動テーマを真剣に探さなければならなくなっています。

日本企業の抱えている問題は、デフレ経済やグローバルな競争激化などの外部要因だけではありません。

それ以上に社内のコミュニケーション不全のもたらす「ギスギスした職場」が増えていることが問題としてあげられます。人間関係が希薄になり、他人に対して関心を持たない人が増えてきています。その現象を「不機嫌な職場」と名づける人もいます。人生で一番長い時間を過ごすであろう「職場」が、ストレスを感じる場になってしまい、メンタルヘルスに問題を抱える人も増えてきています。

この「コミュニケーション不全」の職場を改善していくためには、「上司のマネジメント力の改革」「職場メンバーのコミュニケーション力の向上」「上司と部下の信頼関係醸成」など取り組まなければならない課題が山積しています。

職場における「コミュニケーション不全」を放置しておくことは、社員のやる気を損ねるだけでなく、企業の生産性を大きく阻害することにもなりかねません。

一方、多くの企業において職場の問題を解決することを、管理職に任せることが難しくなっています。価値観が異なる正社員と非正社員が、協働で仕事をすることが当たり前になってきている職場をマネジメントできる管理職は多くありません。

今回、このように閉塞している職場や、競争力を失いつつある企業を元気にする役割を、存在感が薄くなっている「労働組合」が担うことはできないかという発想のもとに、新たな労働組合のあり方を考えてみました。

今世紀に入り、わが国における労働組合の組織率（全労働者に占める労働組合に加入している人の割合）は20％を割り込み、長期低落傾向にあります。働く人の５人に１人も労働組合に加入していないという状況です。また、労働組合のある会社とない会社を比較しても、労働条件、特に賃金においては明確な差がないという事実も指摘されています。

そのように存在意義が見失われつつある労働組合ですが、その役割を見直し、新たな価値の創造に取り組むことによって、組合員に支持される存在に生まれ変わることはできないか？

現場での社員間の信頼関係を築き上げ、「コミュニケーション不全」を解消する役割を担うことはできないか？

将来の経営の中枢を担うマネジメント力を身につけた人材を輩出する「人材育成機関」としての役割を強化できないか？

そんな気持ちを多くの人と共有できたらとの想いから、筆を執った次第です。

これまで、労働組合に関する本は、多くが労働組合法にもとづく、労働組合の法律的な根拠を解説し、労働三権や不当労働行為、争議行為の歴史等の説明に終始しています。その意義は、労働法の研究としては意義深いものがありますが、ビジネスマンにとってはなじみにくい内容になっていました。

本書では、労働組合を法律上の定義ではなく、現場を担っている存在であり、経営をサポートしている存在であるということを再認識してもらいたいと考えています。

とくに、労働組合の持っている「コミュニケーション機能」「経営サポート機能」「人材育成機能」を軸に新たな役割を提案してみたいと思います。

組織の閉塞感を打破する役割、社会に貢献する存在として何をすべきか、パイの配分を求めるだけでなくパイを作り出す活動の重要性も考えます。

また、労働組合の組合品質向上を目指すために「バランス・スコアカード」の導入の可能性を考え、労働基準法改正に伴う労働時間短縮の動きの中で、ワーク・ライフ・バランスへの取組みも取り上げています。

労働組合の取り組むべき課題は、本書で述べた以外にも多岐にわたっています。それぞれの組合で、おかれている状況を考え、優先順位をつけ取り組んでいってください。

しかし、その際に共通していえることは、「組合員の視点に立った労働組合活動でなければ支持されない」ということです。

ぜひ多くの組合員と一緒に「面白い労働組合活動」をつくり上げてください。

本書が、労働組合に対する見方を変え、労働組合に参加したくなるビジネスパーソンが一人でも多く出てくるきっかけとなれば嬉しく思います。

２０１１年1月

髙橋　基樹

目次

第3章　労働組合の現場力　問題は現場で起きている

第6章　労働組合のワーク・ライフ・バランスへの取組み　豊かな生活の実現に向けて

第1章

労働組合を見直してみませんか

新たな労働組合活動を目ざして

〈ケーススタディ〉

◆渦巻く労働組合への不満

江田さんは、K労働組合の職場委員です。

昨年秋の就任以来、組合執行部と職場との連絡役として、決められた活動を自分なりに精一杯取り組んできました。

しかしその労はなかなか報われず、今回の「春闘に対する意見聴取」の職場集会において、組合員の組合に対する厳しい発言にどうすることもできない空しさを覚えました。

「今回の春闘で、ベースアップの要求すらできなかった執行部の弱腰な姿勢では、安定した生活は望むことができなくなってしまう」

「会社の状況が厳しいからといって、会社の言いなりになっている物分りのいい労働組合なら存在価値はない」

「労働組合として春闘でベースアップの獲得が期待できないなら、それに代わる活動を具体的に考えて提案してもらいたい」

「ベースアップが難しい状況になり、賞与も低水準に据え置かれている現状では、組合費の値下げをすることで多少でも収入を多くしてもらいたい」

「組合執行部は、今回の春闘について職場からの意見を聴き取りした後、どのように総括するのか？　ただ意見を聴き取るためだけにわれわれを集めたということであれば、今後厳しく追及していく」

今回の春闘に対する職場の声は、今までの職場集会とは違う内容が飛び交い、K労組の今後の活動に対し非常に厳しい要求が次々に出されました。江田さんを含めた職場委員は誰一人、それぞれの発言に対し明確な返答ができないまま職場集会を終わらざるを得ませんでした。

江田さんは、今回の執部方針は他労組の動向や、日本企業の置かれている現状からして止むを得なかったと思うものの、今後、労働組合が従来のような活動だけを続けていくことで存続できるのか考えさせられてしまいました。


労働組合は、それぞれの企業を取り巻く環境の変化の中にあって、活動を根本から見直すべき時期にさしかかっています。ケーススタディにみるように、労働組合の最大の役割であった

「経済的機能」、つまり賃金値上げ機能が形骸化してきています。

いま労働組合がしなければならないのは、これまでの活動を振り返り、これからの活動や基本となる考え方を根本的に変えていくことです。

1　労働組合に求められる変革

2010年の「春闘」にみる労働組合の変化

2010年の春闘は、労働組合にとって厳しい結果となりました。

多くの組合がベースアップの要求をせず、定期昇給の維持と雇用の確保に焦点を絞った交渉に臨まざるを得ない状況になりました。2010年春闘は、おおむね定期昇給は確保されましたが、なんとなく不満が残る結果です。

デフレ経済の下では、ベースアップをしなくても物価の上昇が抑えられているので、定期昇給だけでも実質的に生活水準は向上するという理論が唱えられています。

定期昇給（定昇）は、会社の規定により、毎年、定期的に年齢や昇格などによって上がるもので、一方、賃金全体を底上げするのが「ベースアップ」です。この2つが賃金総額を増やす賃上げと呼ばれるものです。

主要労働組合のまとめ役である「連合」も、ベースアップの統一要求を見送り、定昇の維持を最優先し、雇用の安定に向けた取組み強化と非正規労働者の待遇改善の取組みを掲げました。

今後、経済活動はグローバルな形で、競争がさらに激化することが予想されます。企業を取り巻く環境は、ますます不安定になり、不透明さを増すでしょう。また、雇用の過剰感を抱えている企業も多いことから、労働組合は賃上げよりも雇用の確保を優先せざるを得なくなってきています。

従来、労働組合の最大の役割が春闘によるベースアップの獲得であり、組合員の期待もその点に集中していました。いまや、その基本方針が、大きな転換期を迎えているのです。

労働組合は、それぞれの企業の実態を反映した独自の労使交渉に臨まざるを得なくなってきています。

労働組合が賃上げによって組合員の支持を集めることは限界になっています。いま労働組合は、経済的側面を主に活動する存在から脱皮する時期に来ているのではないでしょうか。

賃上げ交渉を見直す勇気を

労働組合は、労働組合法第2条により、次のように定義されています。

> この法律で「労働組合」とは、労働者が主体となって自主的に労働条件の維持改善その他経済的地位の向上を図ることを主たる目的として組織する団体又はその連合団体をいう。

この定義によると、労働組合は「労働条件の維持改善その他経済的地位の向上を図る」とあり、従来の労働組合活動は、まさにこの部分、とくに賃上げ交渉にその活動を特化させてきたのです。1970年代から労働組合は、年1回の賃上げ交渉の場面で、その存在価値を示していました。賃金に関する専門委員会を設け、各種データをそろえ、会社の財務諸表を分析し、賃上げ原資がどのくらいあるかを調査し、他労組の状況を勘案し賃上げ要求をしてきました。

今でも、従来の活動を踏襲している大半の労働組合は、「春期生活闘争（春闘）」と称して、経営側とベースアップを求めた交渉を実施しています。しかし、賃上げによる成果が乏しい状況下にあり、今までと同様な交渉を行っている労働組合に、大半の組合員は不満を持っています。

組合が弱くなっている中、今後、年功序列型の賃金体系を容認する定期昇給の是非も検討されてくるでしょう。

現在でも、使用者と労働者では圧倒的な力の差があります。いくら賃上げに対する組合の力が弱くなったといっても、現下の厳しい経済状況においては、労働条件の向上に向けた取組みが重要なことは事実です。しかし、これからも賃上げが労働組合の本来的活動という考え方が、労働組合の基本方針として取り上げられていくのでしょうか?

すでに、グローバルな競争の中におかれている企業では、海外、とくに東南アジアの安価な労働コストとの競争を余儀なくされています。安価な製品は、企業の収益構造を悪化させ、賃上げができる状況にない企業が出てきています。管理職は、組合員でないために大幅な賃金カットを受けても止むを得ないと諦めている人も出てきています。

一方、正社員の賃上げは、社会的弱者である非正社員の雇用を奪う危険性も指摘されています。労働者の3人に1人が非正社員というわが国の労働人口の現状が、さらに悪化することも予想されているのです。

多くの労働組合において定期昇給は、今まで当然の権利であるかのように主張されてきています。しかし、成果主義の賃金体系の中にあり、年功的色彩を残している定期昇給を温存しておくことが、本当に生産性向上や社員の働き甲斐に役立っているか、考え直す時期にきています。

労働組合の組織率を見ても、労働組合に参加していない労働者が80％を超えている現状では、労働組合は全労働者を代表する機能を担っているとはいえません。従来の労働組合の理論で労働者全体の方向を決めることは、社会的に歪みを作り出す危険性があります。

労働組合は、多様な価値観を持っている労働者のニーズを反映するとともに、正社員の労働条件だけが良くなればそれでよいといった狭小な意識でなく、将来の日本社会を想定しながら、自社の社会貢献の視点をも考えていかなければならない時期にきています。

「働き甲斐」を失っているビジネスパーソン

ある調査によると、現在の会社に働き甲斐を感じている人は、一般社員で4人に1人、課長・部長においては3人に1人というショッキングな結果が出されています。(『プレジデント』2010年5月3日号)

この調査結果にあるように、自己実現できるような仕事を、企業の中で求めることができなくなっている人が増えています。自分の本当にやりたい仕事、働き甲斐ある仕事を探す余裕もないほど、決められた仕事をこなすことで時間を費やし、くたびれている人が多くなっているのかもしれません。

とくに、ＩＴ化とグローバル化が進む中、多くの企業では、機械的で無味乾燥な仕事が増える一方、急激な変化への対応も求められています。

しかし、先ほどの『プレジデント』の調査によると、仕事に「誇り」を持ちたいと考えている人は7割いますし、2人に1人は仕事に意義を認めています。ということからすると、「働き甲斐」のある仕事に就ければ、多くのビジネスパーソンはモチベーションを高めて働くことができるはずです。

管理職が自ら組織を生き生きさせることは経営の基本だと考えられています。しかし、多くの企業において、その機能に頼ることができなくなってきています。

企業の中核である中間管理職に、組織活性化を図る能力を発揮してもらうことは簡単ではありません。中間管理職自身が、成果主義の中心に位置づけられ、組織活性化どころか自分の地位を確保できるかどうかで悩んでいます。

バブル期に入社した人は、人数が多い割に、組織の見直しが行われ、役職が減少してしまっています。昇進の機会が見えないことは、モチベーションを下げる原因にもなっています。

また、入社して3年以内で辞めてしまう新入社員が30％にもなっているといわれています。若者の価値観の変化、忍耐力の欠如、外資系企業との賃金格差など原因はいろいろ挙げられるものの、最大の問題は、元気もなく将来に希望も持てなくなってしまった先輩達の姿にあるのではないでしょうか。

そのことを念頭において、労働組合による職場活性化を検討する必要があります。「賃金値上げ交渉」に加え「働き甲斐」のある職場を作り上げていくことを、労働組合の目標に掲げてもらいたいのです。

2　労働組合の役割を見直そう

労働組合に、行き詰った社会の打破を期待する

日本企業を取り巻く社会・経済環境の中にあって、労働組合の存在は忘れられています。労働組合が多少ともマスコミに取り上げられるのは、春先の各社の賃上げ交渉の時ぐらいです。

・労働組合はもはや機能しなくなっている。その存続は必要ない
・組合員の労働環境改善が労働組合の最大役割であったのに、経営の言いなりになってしまい、組合員の意見を反映する意欲もみえない
・賃金の引上げが労働組合の唯一の仕事であったのに、賃上げどころか、年間給与は下がる一方ではないか
・ストライキを打てる状況でないにもかかわらず、闘争積立金を溜め込んでいるのは時代錯誤もはなはだしい

などの声が聞こえてきます。

労働組合のある会社に勤めている社員でも、普段、労働組合の存在を意識して仕事しているわけではありません。通常、社員は、上司の指揮命令下において仕事を行い、上司に評価されます。つまり、社員としては、職場のルールといえる職制の中で、いかに自分が仕事に取り組み、期待された成果を挙げることができるかにしか関心がないのです。

とくに、成果主義型の人事制度を導入している多くの企業では、目標の達成度合いが人事評価に反映され、各自の賃金や賞与が決定されます。

そのような企業では、賃金交渉における労働組合の役割は薄れてきています。多くの企業が

抱えている問題は、個人主義的な組織風土ができてしまい、他の仲間に関心を持つことが少なくなってきていることにあります。

私は、存在が見えにくくなっている労働組合に、組織活性化を図る機能を担う活動をしてもらうことを提案します。行き詰った状態にある日本企業、ひいては日本社会の現状を、労働組合のコミュニケーション機能や現場力、経営サポート力を発揮することにより、活性化してもらいたいのです。

長期低落傾向にある労働組合組織率

労働組合の組織率（雇用者総数に占める労働組合員数の割合）は、長期低落傾向にあり歯止めがかからない状態です。平成20年の労働組合組織率は18・1％、労働組合員数で1千万2千人と推定されています。ピークであった平成6年の1千269万9千人から270万人近く減少していることになります。

労働組合の組織率は、終戦後間もない昭和30年代は50％近い高水準でした。当時、労働組合は、労働者を弱者として位置づけ、集団で経営と交渉し、生活レベルを上げるための賃上げ要求や労働条件改善要求などを積極的に行っていました。その後、グラフに見るように長期低落

図１－１　雇用者数、労働組合員数及び推定組織率の推移（単一労働組合）

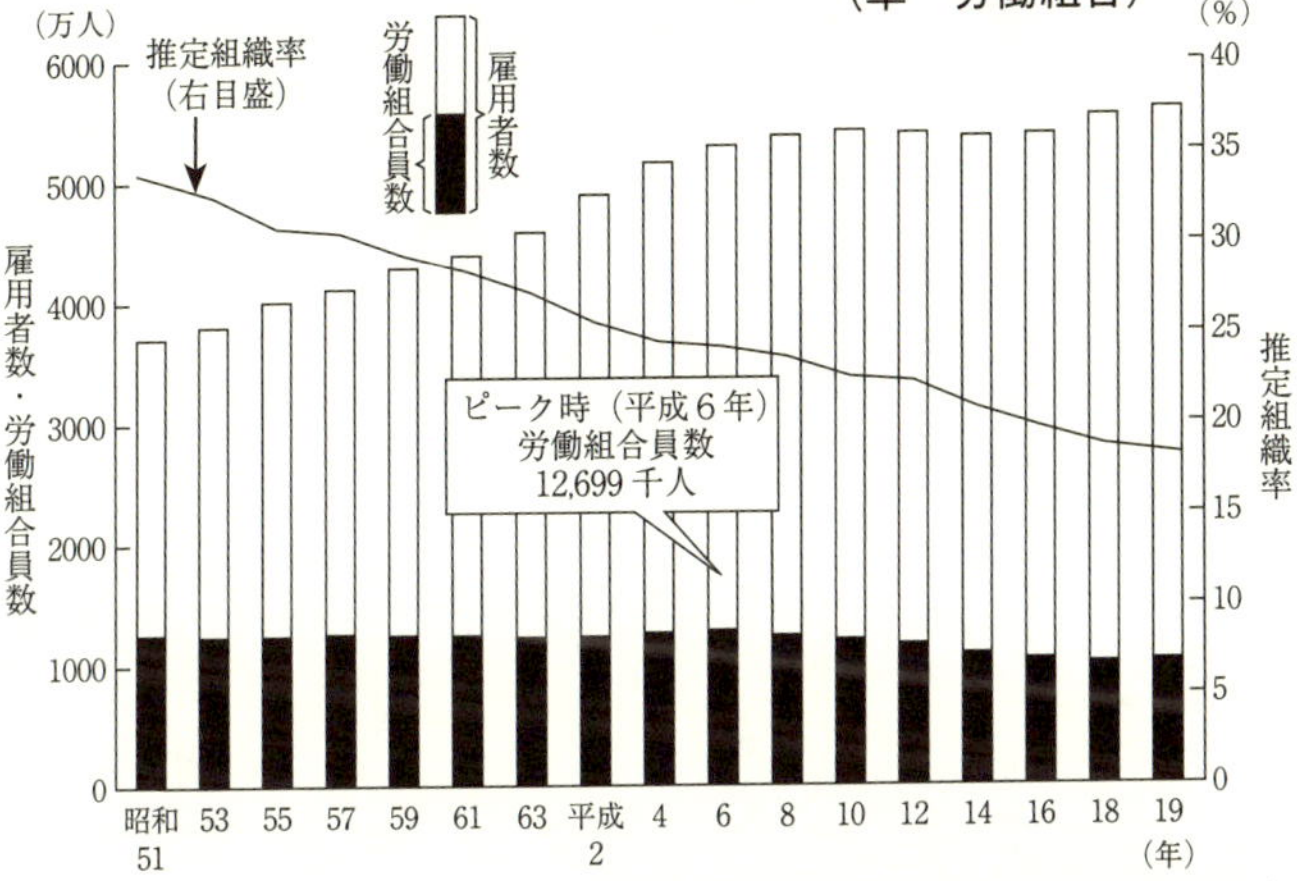

厚生労働省：平成19年労働組合基礎調査

傾向に入り、組合員数が若干持ち直したといってもきわめて低い水準にあります。

　その最大の理由は、正社員の減少と、非正社員の増加に伴う、労働者構成の変化があげられます。それでは非正社員を労働組合に迎えることができているかというと、そもそも労働組合の活動事態が見えにくくなっている現状で、非正社員が組合費を拠出し、自分たちの地位を守ろうなどと考えるはずもありません。

　しかし今後、労働者の3人に1人の割合にまで拡大している非正社員を、組織化できるかどうかは、大きな課題となってきます。流通業の組合の中には、積極的にパート社員の組合加入を働きかけているところもあります。

弱者である非正社員の待遇改善に対する取組みも、労働組合が中心になって進めていかなければならないテーマです。労働者の全国組織の頂点にある「連合」が、非正社員の対策に取り組み始めたことは大きな前進です。

また、ほとんどのベンチャー企業や外資系の企業には労働組合がありません。つまり、労働組合の必要性を経営側のみならず、労働者側も感じていないのが現状です。

「労働組合の有る無しによる労働条件、とくに賃金面や福利厚生面での差はない」との調査結果も出ています。しかし、労働組合は、経済的機能だけで存在するものではありません。組合品質の向上を通じ、より良い会社を、より良い社員の育成によって作り上げていくことこそ、これからの労働組合の役割なのです。

もちろん、労働組合は会社と対立する存在ではないことは言うまでもありません。経営や管理職と「良好な関係」を作り上げることが求められています。労働組合の持っている現場情報を会社と共有することにより、労働組合が経営をサポートする役割を、今まで以上に果たすことが必要になっています。

労働組合の内部崩壊の危険性

多くの労働組合は、労使協調路線の名の下、ストライキを打つことはなくなりました。しかし、いざというときに備え、ストを打ったときの賃金を支払うための闘争資金は積み立てています。一般組合員が管理職になり、労働組合を離れる際や退職の際に、個人の積立額は返還されることが一般的ですが、大手労組にいたっては、この闘争積立金が500億円を超える巨額に達しているともいわれています。闘争積立金が手付かずに残っているのであれば、その効果的な活用方法も検討する必要があります。

大手の労働組合は、専従役員を配置し、組合活動だけを担当する専門の役員に組合運営を任せています。

組合員の人数が多くなれば、毎年巨額の組合費が徴収されます。しかし、組合活動費を「組織対策費」や「調査研究費」と称して遊興費に当てているケースも指摘されています。

また、労使交渉に目を向けてみると、毎年2月から3月には、「春闘」と称して賃上げ交渉が行われます。これも、労使協調路線に沿って進められます。とくに、最近の傾向として、まずトヨタ労使の交渉により金額が確定する傾向にあります。トヨタの数字に基づいて、自動車業界全体が決まり、その動きを見ながら電機業界が妥結していきます。その後、電力やガス、

ＮＴＴといった公益企業、鉄道業界が続き、他の大企業もほとんど「集中回答日」に妥結することになります。妥結内容は、業界が違ってもほぼ横並びになる傾向があり、個別企業の業績を反映しているとはいえない状況です。

一方、組合員の多くは、毎月の給料から組合費を引き落とされているにもかかわらず、労働組合の活動に対して無関心です。組合員は、レクリエーションへの参加だけでなく、職場集会や意見交換会へも積極的に参加し、自分たちの職場の改善やワーク・ライフ・バランスの実現を目指してもらいたいものです。

組合活動の抜本的な見直しを行う時期にさしかかっているのです。現状を放置し、労働組合に対する組合員の無関心がいま以上に高くなると、労働組合が内部から崩壊する事態も想定しなければならなくなるかもしれません。

組合員満足をいかに図るか

一般組合員の労働組合に対する満足度は極めて低く、「組合活動に満足している」人は35％程度であるといわれています。

組合員の満足度が低い理由

① 賃上げまたは賞与などの交渉で成果が乏しい（75・8％）
② 職場環境や福利厚生面での成果が乏しい（75・8％）
③ 組合費が高い（43・7％）
④ 組合活動がわずらわしい（29・4％）
⑤ その他（19・2％）

（『日経ビジネス』２００７年3月12日号）

この結果は、多くの組合員が、現在の労働組合に対して不満を持っていることを表しています。組合活動に参加することにより受けるメリットが乏しく、参加することに伴う負担が大きいと感じているのです。

そのような意識を抱いている組合員に、組合活動に自主的に参加してもらい、組合活動の必要性を実感してもらうことができるかがこれからの労働組合の活動目標になります。

組合員の満足度を高めるためには、まず組合役員の満足度を高めることが求められます。

▨組合活動における満足度の向上

○組合役員に任命されたことにより、通常業務では習得できない各種スキルを身につけ、その後の仕事で活用する場面を創りだすことができるか
○労働組合で発揮したリーダーシップを、職場においても実践することができるか
○そのような組合役員を一人でも多く育て上げることができるか

このような点が、これからの労働組合の使命なのです。

組合役員の中で最初に任命される役職は、職場のとりまとめ役である職場代表、職場委員であることが通常のパターンです。

職場の代表を務めた後、さらに職場の代表者をとりまとめる役員に選定されていきます。若い者から順番に任命されることが多く、「逆年功序列制」とも呼ばれています。

はたしてその組合役員の満足度は、実際にはどのようなレベルにあるのでしょうか？

組合役員になった理由	
① 組合役員に勧められて	61・5%
② 同僚・先輩・上司に勧められて	24・9%
③ その他	10・5%
④ 自ら進んで	2・7%

（j・union『労働組合「超」活動法』より）

この結果に見るように、労働組合の役員は、自ら進んで就任した人はほとんどいないのが現状です。組合役員に任命された時点では、役員の満足度は高くないと思われます。しかし、労働組合の存在価値を高めるためには、組合役員の満足度を高める必要があります。

先日、ある組合の支部長に「今のあなたのところの労組の課題は何ですか」と尋ねたところ、すかさず「職場委員の育成が最大の課題です」と言われました。「職場委員は、任期は2年でも、異動に伴い毎年任期の途中で交替を余儀なくされてしまうことが多いため、職場の活性化に取り組めない状態にある」ということです。

職場委員の労働組合への積極的参加は、簡単ではありませんが、組合役員が喜んで組合活動に取り組む姿を示すことができるかどうかが、労働組合活性化の原点です。労働組合が新たな役割を担っていくためにも、組合役員の意識改革が不可欠になっています。

その際求められることは、組合役員が「組合員を顧客として捉える」視点を持つことです。企業において商品やサービスを提供する場合に、市場調査が欠かせないのと同様、労働組合の活動においても「組合員のニーズ」を探る活動が不可欠です。

春闘が形骸化しているいまこそ、組合員の求めているものは何かを察知し、その実現に向けた活動が求められるのです。多くの組合員は、「労働組合が時代の変化に対応できていない」ことに対する漠然とした不満を持っています。それを「見える化」することこそ、組合員満足実現の取組みの第一歩なのです。

そのやり方としては「職場ミーティング」によるヒアリングや、組合員満足度アンケートによる定量調査などの実施が考えられます。

労働組合の存在意義の見直し

組合役員からは、組合活動が不活発なことに対し、

・自分たちは仕事以外に組合活動にも一所懸命に取り組んでいるのに、理解をしてくれない組合員に腹が立つ
・労働組合の活動に非協力的な会社の姿勢が問題である
・上部団体の政策が旧態依然としており、時代ニーズを反映していないことが問題だ

といった意見が聞かれます。

組合役員のそのような嘆きは、「自分たちは悪くない、悪いのは自分たちを取り巻く環境だ」と言っているように聞こえます。

従来から労働組合の役員は、前例踏襲主義で組合活動を進めてきています。毎年、同じような活動方針を立て、組合員のニーズを反映する努力もなく、予算を使い切るという傾向にあります。

今まで、組合役員は、自分たちの組合活動に対する組合員の満足度を高める努力をしてきたのでしょうか?　組合品質向上への取組みについて、一度時間を作り、自労組の現在の活動を見直してみてください。

労働組合の存在価値は、職場で起きているさまざまな問題に対応することにより、組合員の満足度を高めることにあります。その際に一般組合員が、職場でワクワクするような感情を生

み出す取組みができるかが、労働組合に課せられた大きな役割なのです。

成果主義によってギスギスしている社内の雰囲気を変えることを、労働組合の主たる活動にしてもいいかもしれません。労働組合が職場を元気にし、それをきっかけに全社が活性化し、ひいては地域や他の企業にまで波及していく、こんな姿になれば素晴らしいですね。労働組合が、「行き詰まりつつある日本社会を活性化する」という大きな目標を目指してもらいたいものです。

大きなテーマであるだけに、一労組で取り組むことは難しいかもしれません。しかし、労働組合の存在意義を見直し、今の時代に合った取組みを考えることは意義のあることではないでしょうか。

3　これからの労働組合に期待すること

労働組合はパイそのものの拡大を目指そう

映画「沈まぬ太陽」の団体交渉のシーンに見るように、労働組合は「闘う」ことが使命であるかのように受け止められていました。かつては、現在とは比較にならないほど、労働環境や賃金水準は厳しい状況でした。当時の労働組合は、団結権、団体交渉権、団体行動権をフルに活用し、組合と経営が対立する状況を作り上げていました。

今でも労働組合は、組合員の経済的な地位の向上、つまりは賃上げ交渉を毎年実施しています。その活動が、多くの労働組合において、年間の最重要な活動になっています。

しかし、先述の通り日本の企業を取り巻いている厳しい環境下、到底賃上げの要求に応えることができない企業も現れてきています。定期昇給すら今後確実に実施されるという保証もなくなっています。

さらに中小企業には、ほとんど労働組合がありません。大手企業の下請けになり、厳しい条件を突きつけられ資金繰りに汲々としている所もあります。リーマン・ショック以降、一部の中小製造業の経営は、賃上げどころか雇用の確保すら難しい状況です。大企業といっても、多くの労働者を抱える中小企業との並存ができてこそ、その社会的責任が果たせるのではないでしょうか。

労働組合も、賃上げという自分たちのパイの分配を求めるだけでなく、自分達の属している会社を良い会社にするためにも、会社のパイを増やす取組みに協力することが必要です。

自社と共に働いてくれている中小企業に対して、仕入れ価格の値下げ交渉ではなく、彼らが喜んで協力したくなるような企業になるために何をすればよいか、地域に必要な会社となるには何をしたらいいか、経営に一歩踏み込んだ提案と行動も必要です。

ある労働組合では、組合が主体となり職場活性化のプロジェクトを立ち上げ、まず職場の問題を見つけ出し、改善策を考案し、実践することにより生産性を向上させています。

商品開発に関しても、労働組合がアイデアを出し合い、研究開発部門に提案する動きも起こっています。組合員も会社を離れれば消費者であり、父親であり、母親なのです。日常生活の中から、いろいろな発見も起きてきます。

ぜひ、自労組に適した活動を見つけ出し、組合員の参加を仰ぎ、会社のパイそのものを広げていく活動を展開してみてください。

組合活動の総棚卸しを実施しよう

従来、労働組合の活動の中心は、「春闘」における賃上げを実現するためのベースアップ交渉でした。そのために専門委員会を設け、会社の業績を評価しながら、賃上げはどの程度できるのか想定する作業にかなりの時間と労力をかけてきました。

もちろん今でも「ベースアップ交渉」は、労働組合の重要な活動であることには違いありません。しかし、正社員の賃金交渉だけでなく、一緒に働いている非正社員の処遇改善を考慮することも求められています。

組合員の賃金に対する関心は、依然として労働組合に期待している役割としても大きなものがあります。しかし、将来的には、ベースアップどころか定期昇給も難しくなるような状況すら予測されています。労働組合が従来の活動を踏襲することで、役割を果たすことができた時代は、終わろうとしているのです。

今こそ、組合のやってきた活動を棚卸し、「優先順位」をつけ、形骸化している活動を思い切って切り捨てることを検討すべきです。その次に、組合員のニーズを反映した活動を取り入れていくことが必要です。

私たちは、従来の延長線で決められたことに対し、何の疑問も持たず同じことを繰り返していく傾向を往々にして持っています。組合の活動においてもその傾向が強く残っています。

ゼロベースに戻して取り組むといっても、簡単に発想を転換できるものではありません。一つひとつの活動を書き出すことから始めてみましょう。大きなものから小さなものまで、年1回のイベントから、日常の手続き業務までかなりの数になろうかと思います。新たな活動を導入するためには、形骸化している活動を止めることも必要なのです。

女性の代表者を組合役員に

私は、今までに何度も労働組合のセミナーに招かれています。その際、いつも気になることは、女性の出席者が極めて少ないという寂しい現実です。女性の企業内における役割は、時代の要請や労働環境の整備に伴い重要になってきており、女性組合員の割合も決して少なくない現状にあります。彼女たちの声をもっと日頃から組合活動に反映させることは、職場活性化にとっても不可欠な取組みです。

しかし、彼女たちが労働組合に対して抱くイメージは、「暗く・固い」「遠い存在」「真面目で難しい」などと、決して喜ばしいものではありません。極めて低い評価になっています。そのため、女性の労働組合への参加、とくに組合役員として活動する人がほとんどいないという状況をもたらしています。

今後、企業活動においては女性の活躍がますます期待され、育児休業後の職場復帰の希望も高いことから、経営中枢への道も確保されてくることでしょう。そうなると、女性の地位向上や職場環境改善への欲求を代弁してくれる女性組合役員の存在が重要になってきます。

最近言われるダイバーシティ（雇用の機会均等・多様な働き方）への取組みは、労働組合のこれからの大きなテーマの1つです。

従来の、労働組合活動は男性が一手に引き受ける分野であるという古い考え方を打破し、女性にとっても参加したくなる活動に変えていく努力が必要です。女性の持つ豊かな感性やソフトなイメージを労働組合の中に生かすことは、新たな労働組合活動を生み出す可能性を秘めています。

また、女性が組合活動に参加すると、女性の持つ独特な雰囲気が、男性の意欲を刺激するともいわれています。今までとは違う思考回路が形成され、ユニークな発想やきめ細かい配慮が起きてくる可能性が高まります。

男女雇用機会均等法やセクシャル・ハラスメントに対する理解が浸透してきてはいるものの、多くの企業において、目に見えない女性差別がいまだ存在しています。女性組合員が、気軽に相談できる窓口には、やはり女性組合役員が必要です。

職場における女性軽視の風潮を放置することは、将来、その企業の社会的評価を下げる可能性もあります。労働組合は、女性の地位向上を図り、女性が働きやすい環境を整備するためにも、女性役員の任命を働きかけてもらいたいものです。

しかし、その際に留意したい点は、候補者である女性に無理強いはしないということです。本人が納得した上で、任命するように心がけてください。

ユニオン・ショップ制をやめる勇気を

日本では、会社との間にユニオン・ショップ協定を結んでいる労働組合が多く見られます。ユニオン・ショップ協定とは、「雇い入れ後、一定期間内に労働組合に加入しないまたは組合から脱退、除名された労働者を解雇することを義務付ける」ことです。社員は、ユニオン・ショップ協定を採用している会社に入社すると、本人の個人的な意思にかかわらず、強制的に労働組合に加入させられ、毎月給料から「チェックオフ」という仕組みで、自動的に組合費を天引きされています。

この制度は、組合組織の維持強化には役立つ反面、組合員の「組合に入らないことに関する自由」や「雇用の安定」と衝突するともいわれています。現在、労働者からの「ユニオン・ショップは違法である」との訴えも出されてきてはいるものの、まだ違法であるとの判例は多くはありません。ユニオン・ショップを支持している学者も多いことから、すぐにこの制度がなくなることはないでしょう。

しかし、本来、労働組合の活動は、組合員にとって価値を見出せるものであることが求められます。個人の意思を無視して強制的に組合に加入する制度は、将来的に許されなくなるのではないでしょうか。

価値観が多様化した時代において、組合員の中に組合活動から離れていってしまう人が出てこようとも、それを一概に否定できなくなっています。それよりも各組合において、活動をより魅力的なものにする必要があります。従業員の多くが、組合活動に魅力を感じれば自主的に参加する人も増えるでしょう。それが、組合活動の活性化にもつながることになります。

また、非正社員の組織化においても、ユニオン・ショップという閉ざされた形ではなく、入りたい人が入る、オープン・ショップという開かれた組合であることが求められます。労働組合の活動の有効性が理解されることにより、存在意義が高くなるはずです。

以前、オープン・ショップの組合の委員長に「労働組合への参加割合」を聞いたところ、「ほとんどの社員が自主的に組合に参加してもらっている」とのことでした。もちろん、加入に難色を示した人には、委員長が対話をすることで理解してもらっているとのことでした。彼の意見は「ユニオン・ショップであろうがオープン・ショップであろうが、問題は組合の活動に対する組合員の理解が得られるかどうか」というものでした。

一度、ユニオン・ショップの組合は、「もしユニオン・ショップをやめたらどのような問題が起こるか」を検討してみることも意義があるのではないでしょうか。

労働組合という名称を変えてみては

ディズニーランド、ディズニーシーを運営しているオリエンタルランドの労働組合は、設立当初から「オリエンタルランド・フレンドシップ・ソサエティ（ＯＦＳ）」という名称で活動しています。委員長はチェアマン、書記長はセクレタリィと呼ばれており、労働組合をイメージしにくい名称です。

日本人の多くは「労働組合」という名称に対し、潜在的にマイナスイメージを抱いています。なんとなく、昔の鉢巻を締めて赤旗を振りながら闘う組合を想像したり、会社に対し何でも抵抗する組織であるというイメージを持ってしまいがちです。

前に述べた「女性の組合役員」を任命するにしても、「労働組合」という名称では好感を持たれにくいかもしれません。多くの女性が「労働組合」と聞いただけで、「固い・真面目・近寄りにくい」などのイメージを持つといわれています。

企業の中には、時代に合った、グローバルで親近感がもてる社名に変えてきているところもあります。名前を変えることに併せて、中長期ビジョンを設定したり、経営戦略を明確にしたりすることも多く見かけられます。

労働組合においても、活動を見直すことが求められている今こそ、労働組合という名称を見直してみてはいかがでしょうか。組合内でキャンペーンを実施し、自労組にふさわしい名称を公募することも一考に値するかもしれません。

また、新たな運動方針を展開する際に、労働組合という名称変更を打ち出し、組合を取り巻く全員に大きなインパクトを与えてみてもいいかもしれません。

これから労働組合は変わりはじめる

前述の通り、現在の労働組合法による労働組合の定義は、戦後間もない頃、まだ従業員が経済的に苦しい状況において制定されたものです。

当時は、使用者が圧倒的に優位で、弱い立場にある労働者は団結し、自分たちの労働条件、とくに賃上げによる豊かな生活を目指して闘っていました。労働者は、経済的な安定を求め、長時間の過酷な労働に従事することにあまり疑問を抱くこともなかった時代です。

その後、日本は高度経済成長の時代を迎え、労働条件、とくに賃金は急速に高い水準に引き上げられていきました。日本の経済成長に世界が注目し、「日本的経営」の強さを学ぼうとする動きも起きました。

しかし、バブル崩壊後の経済の混迷の中で、アメリカ型の成果主義が導入されてきました。その結果、従来の春闘方式による一律の賃上げ効果が薄くなり、目標管理制度に基づく個別の労使交渉である上司との交渉という形が一般化されてきました。

このような流れの中で、労働組合の機能も、労働組合法の定義では実態を表すことが難しくなってきています。まして、「春闘」が本来の機能を果たせなくなってきている状況下にあって、労働組合はその存在を考え直す時期にさしかかっているのです。

これからの労働組合の役割は、従来の労働条件の向上を目指す機能に加えて、自分達の組織にあった機能を付加し、多様な組合員の要求を満たしていくことが求められています。また、多くの企業において「職場でのコミュニケーション不全」や「メンタルヘルス不全」も問題になってきています。それらの課題は、職制だけでは対処できなくなっています。

いまこそ労働組合が会社と連携して「働き甲斐、生き甲斐」のある職場、「良い会社」を作る活動を真剣に考える時期ではないでしょうか。

労働組合は、組合員のニーズを把握しなければなりません。組合員にとって満足度の高い活動が何かを知らないで、労働組合の従来の考え方に基づいて活動することは許されません。組合員が抱えている問題は多岐にわたっています。組合員の満足度を高めることに本気になって取り組む労働組合こそが、時代の変化の中で生き残っていけるのです。

そのような活動は、簡単ではありません。賃上げ交渉のように、客観的な成果が把握できないことも指摘されます。労働組合の存在が必要であると再認識してもらう対象は、あくまでも組合員であることを忘れずに活動していくことが必要です。

組合員の不平・不満を聴くことができる組合役員が必要になります。そのためには、組合役員の人材育成が不可欠になります。労働組合の役員を経験することで、会社生活に必要な各種能力を身につけることができます。しかし、その能力の習得には時間がかかります。職場委員などは、短期間しか委嘱されないのが一般的です。十分な経験なしに職場のとりまとめを任されたりすると、それだけでもストレスになってしまう人も出てきます。

組合本部において、計画的な組合役員の人材育成システムを作っておくことが必要です。経験豊富な役員によるOJTでの指導などを行うことも必要かもしれません。

労働組合は、これから自労組の役割を「人材育成」機関として位置付け、職場の活性化に取り組んでいける人材を輩出してもらいたいものです。そうなることで、労働組合が本当に組合員に支持される「価値ある」存在になり、活動自体がやり甲斐のある「面白い」ものになっていきます。

第2章

労働組合に求められるコミュニケーション機能

ギスギスした職場の改善を

〈ケーススタディ〉

◆B労組が取り組んだ徹底したダイレクトコミュニケーション

大手コンビニエンスストアチェーンのB労組には、ダイレクトコミュニケーションという全組合員とのフリートーキングの制度があります。その一環として、毎年、組合員1800人を対象に「車座集会」を全国の職場で実施しています。年初より、1週間のうち4～5回、委員長を始めとした4名の本部専従が職場を巡回し、1回につき4～10名の現場組合員を集め、「働く現場の生の声」を収集し続けています。

話題は店舗、商品、お客さま、上司、部下、人間関係、予算、賃金、地区情報、経営への要望などいろいろです。時間は、就業時間後の90分を活用しています。

自由に自分たちの不平不満を言うことから、会社に対する要望に至るまで語り合うことで、現場の本音が聞きだせます。また、自分が言いたいことを自由に言える場を与えられることは、組合員にとって職場での信頼関係を作り出すために最高のコミュニケーションになります。

職場の訪問を終了した後、委員長は現場で出た意見を全て書き出し、まとめ上げ、「資料集」として社長にも提出しました。社長も「現場の生の声を聴けることは、非常に意義がある。しかし、それぞれの要望に応えていくには相当の覚悟が必要だ。委員長も腹を決めて一緒に取り組んでいこう」と言ったとのことです。

いろいろな意見を聴くなかで、委員長は「いまは愚痴でもいいから、出るものを出してもらう」ときであると考えています。組合本部の専従は、傾聴に徹することにより得られる「組合員の本音」をいかに多く収集し、会社を良くしていく活動に生かせるかを今も模索しています。

B労組が求めているのは、現場の変革です。変革は、小さいものであっても、確実に一つひとつ達成することによって、組合員の総意を反映した「明るく元気」な会社が作り出されていくことにつながるのです。

1　コミュニケーションスキルは身につけられる

不機嫌な職場

最近のコミュニケーション手段は、メールが主体になっています。会社で隣に座っている人に対してまでメールで伝達するという、従来では考えられない状況が起きているともいわれています。電車に乗ると、必ずといっていいくらい携帯電話のメールを打ち込んでいる人を見かけます。若い人の間では、携帯電話のメールがストレスを感じないコミュニケーション手段となっているようです。

それが昂じてくると、フェイス・ツー・フェイスのコミュニケーションが遮断された状態となり、他人に対し関心を持つことを避けようとする現象が起きてきます。そのような感情の通わなくなった職場を「不機嫌な職場」といいます。

「不機嫌な職場」では、上司と部下間のコミュニケーション不在もさることながら、部下同士のコミュニケーション不在が大きな問題となっています。職場の中で、相手に対する関心が薄れてくると、個人個人が「自分さえよければかまわない。他人が何をやっていようが自分には関係ない」という意識になり、自分の成果に関係のない仕事に協力しようという気持ちが弱くなっています。

会社という、人生の中で多くの時間を費やす場において人間関係が損なわれると、モチベーション低下を招き、会社に対する忠誠心が弱くなります。その結果、企業としての生産性の低下、競争力の弱体化、新たな仕事へチャレンジすることを忌避する傾向が現れてきます。

また、近年注目されている「メンタルヘルス」に関する問題が起こる最大の原因が「人間関係におけるストレス」であるといわれています。「メンタルヘルス」問題は、今やどの企業においても放置できない課題となっています。そのような状況を、管理者が気付いて改善できればよいのですが、多くの企業において、彼らにはその状況を改善させるだけのマネジメント力、コミュニケーション力がない現状が指摘されています。

ここでは、職場の「ギスギス感」の改善に、労働組合の持っている「コミュニケーション機能」を活用する方法を提案します。

コミュニケーションの基本は「傾聴力」

一般的に、労働組合におけるコミュニケーションは、仕事でのコミュニケーションより難しいといわれています。なぜなら労働組合は、仕事における上司と部下という上下関係が存在しないため、強制的にコミュニケーションをとることができないからです。組合役員の場合、自分より年上で役職が上の組合員に組合活動への協力を仰がなければならないこともよくあります。

仕事におけるコミュニケーションでは、相手を快く思っていない場合でも、嫌々実行しなければなりません。仕事で成果が達成できなければ、その責任は本人の評価に大きく影響します。従業員は、否が応でも仕事に取り組んでいかなければなりません。

多くの企業では、上司のコミュニケーションスキル習得のために「コーチング研修」を導入しています。上司と部下とのコミュニケーション不全を改善し、活気ある職場を作り上げたいという会社の意思の表れです。

コーチングは、一般的に「傾聴」「質問」「承認」という3つのスキルを活用するコミュニケーション手法です。その中でも「傾聴」のスキルは、上司が部下との信頼関係を構築するのに不可欠です。人間は、相手にストレスを感じることなく話ができ、相手が真剣に聴いてくれることに満足する傾向があります。傾聴の基本は、「聴く姿勢を示す」「正確に聴く」「最後まで聴く」の3つであるといわれています。

労働組合においても、コーチングのスキルは重要です。とくに組合役員は、コーチング手法の中の「傾聴」のスキルを習得し、組合員からの現場情報を収集し、組合活動に反映させることが求められます。

コミュニケーションのねらいは、「共通点」を探し、「納得」し、「行動」し、「目的を達成する」ことです。コミュニケーションという言葉は、「共通のモノを持つ、分かち合う」という意味を持っています。そのためには、心の声を聴いてもらうことができる関係を「話し手」と「聴き手」が共同で作り上げられるかどうかがポイントになります。

まず、組合役員が、良い「聴き手」として組合員の話をしっかり受け止めるようになると組織が変化し始めます。快い「話す」「聴く」のキャッチボールができると、お互いの感情の歯車がかみ合い、ストレスを感じないで意思が伝えられるようになります。

労働組合におけるコミュニケーションの役割は、ビジネスコミュニケーションとプライベートコミュニケーションの両面を持っています。労働組合の組合方針に基づいて実施する、定期大会や職場の意見を取りまとめる職場集会などは、ビジネスコミュニケーションといえます。また、仲間同士の気楽な会話や組合事務所での「飲みニケーション」などはプライベートコミュニケーションといえます。

いずれにしても、組合員の労働組合に対する関心の度合いの個人差は、極めて大きなものがあります。組合役員はそれを前提としてコミュニケーションを実践することが必要です。

いくら、自分が「労働組合は、組合員の労働環境を守るという崇高な目的がある」という立場から組合員と話をしても、相手が「労働組合は、すでにその存在意義を失っており、もはや組合員になんら貢献することもできない」と考えていたとすると、相互のコミュニケーションがかみ合うことは難しくなります。

組合役員の中には、自分の理論を正当化し他者を説き伏せることをコミュニケーションであると考えているような人も見受けられます。

お互いを心底知り合える関係こそが、後から述べる「承認の欲求」を満たす活動に他なりません。労働組合におけるコミュニケーションは、相互の信頼関係に基づいて行われなければその目的を達成できません。その、前提にある「傾聴のスキル」を組合内にいかに定着させ、組合役員が組合員にストレスを感じさせない雰囲気を作り出せるかが、極めて重要なポイントになります。

「承認の欲求」を満たす行動が求められる

「自己実現」を目指せなどとよくいわれますが、「自己実現」はそれほど簡単に達成されるものではありません。その「自己実現」を唱えたのが、アブラハム・H・マズローです。彼は、「欲求段階説」の中で、人間は次の「5つの欲求」の充足を求めて行動すると説明しています。

▨マズローの欲求段階説

第1段階　生理的欲求：人間の生命維持の欲求で、いわば衣食住に関する欲求

第2段階　安全の欲求：安全ないし安定した状態を求め、危険や恐怖を回避したいとする欲求

第3段階　社会的欲求：人々と関係を持ち、集団への帰属や友情・愛情を求める欲求

第4段階　承認の欲求（自我の欲求）：人々から認められたい、尊敬されたいという欲求

第5段階　自己実現の欲求：自分の可能性を発見し、チャレンジしたいとする欲求

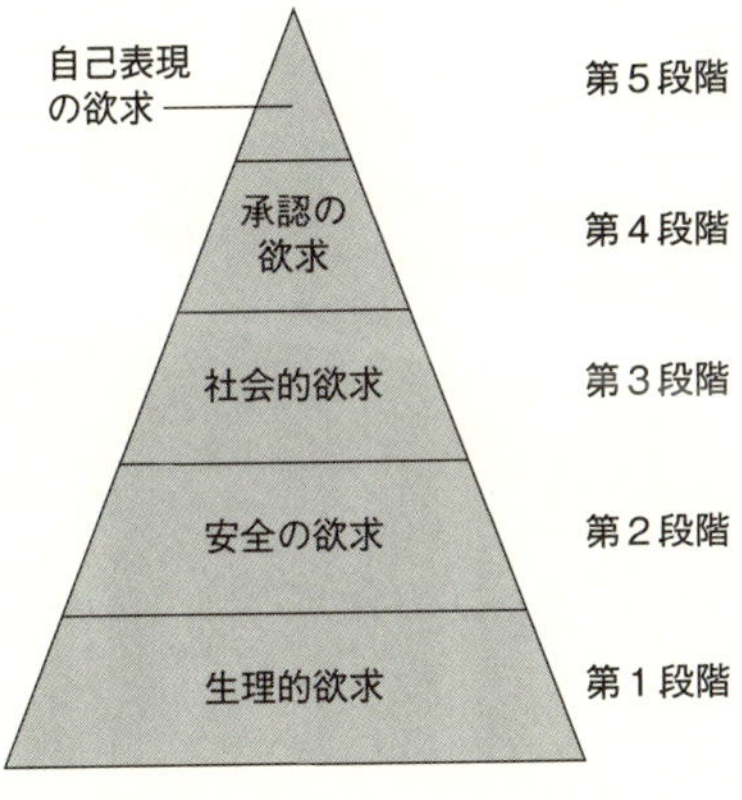

「自己実現」は5段階の最上位にありますが、組織においては、4段階目の「承認の欲求」がとくに重要です。会社の中での「承認の欲求」が、上司と部下の信頼関係醸成や労働組合内の組織活性化にとって不可欠な欲求なのです。

部下は、自分が達成した成果を上司から承認されたときや、自分の存在を認められときにモチベーションの高揚を感じるものです。逆に、人間関係を壊す簡単な方法が、相手を無視する態度や、心を閉ざす対応をとることなのです。今の日本企業の「ギスギスした職場」「不機嫌な職場」は、お互いを承認しあうという習慣が欠如していることが原因の一つではないでしょうか。

そのような中にあって、労働組合の役割は、職場における日常のコミュニケーションをいかに高めていくかにあります。

ある労組では、組合役員が挨拶を励行するといった当り前のことからコミュニケーション作りを始めています。挨拶も相手に対して関心がなければ機械的になってしまい、コミュニケーションの効果が期待できません。挨拶する際も、相手を思いやり実施することが重要です。当り前のことが、当り前にできてこそ、コミュニケーションが円滑にできる関係が作り出されます。いくら頭でコミュニケーションの必要性を理解していても、実践されなければ意味がありません。

大きな声を出し、お互いを認め合う言葉である「ありがとう」を交わしている職場は、活き活きとしています。その反対に、黙々と自分のことのみに関心を示し、他人に関心を持つまいとする職場は、ギスギス感が漂っているものです。

他の人に対する「思いやり」を持つこと、相手の立場に立って考えることは簡単ではありませんが、「ありがとう」を声に出すことから始めてみましょう。意識するだけで実践でき、今までとは違う感情が生まれてくるはずです。

労働組合での「承認の欲求」を満たす行動の中には、「褒める」仕組みを作ることも重要です。感謝状を発行したり、ありがとうメッセージを発信するなど、相手がしてくれた行為に対し、いかに素直に感謝の気持ちを伝える風土を作り出すことができるかが求められています。

コミュニケーション力を高める3つの力

経営コンサルタントの野口吉昭氏は『コミュニケーションのノウハウ・ドゥハウ』（PHPビジネス選書）で、コミュニケーションは「人間力」「論理力」「対話力」を総合して実践できるスキルであると言っています。

それぞれの力は、

① 人間力…自己を確立し、相手の立場に立つ力
② 論理力…話を構造化し、相手に分かりやすく伝える力
③ 対話力…しっかり相手の心を捉え、相手の納得を生む力

であると説明しています。

労働組合の役員に求められるコミュニケーション力は、傾聴や承認のスキルだけではありません。労働組合が取り組む対象は、人や労働環境、組織、制度などに代表されるように明確な形を持っていません。そのために労働組合の活動は、コミュニケーションがなければ伝えることができないことになります。

まず、相手の立場に立って考える「人間力」を活用し、信頼関係を作り出すことが求められます。そして、論理的に話を組み立てる「論理力」を発揮して、自分の意見を確実に相手に伝えていくことになります。

さらに相手（労働組合の場合は多数になることもある）を納得させ、行動に移してもらう内発的動機付けを起こす「対話力」が必要です。

もちろん、それぞれ別々に発揮されるスキルではなく、コミュニケーションはこれらのスキ

ルが渾然一体となり展開されていくものです。とくに重要な「対話力」については、次節で考えていくことにします。

2 「対話」が組織活性化のポイントに

「対話」がなぜ重要なのか

私は、いま労働組合役員に求められているのは、組合員に「対話」の重要性を認識してもらい、実践の機会を作り上げることであると考えています。

中原淳氏と長岡健氏は『ダイアログ　対話する組織』(ダイヤモンド社)において、「対話」を、「①共有可能なゆるやかなテーマのもとで、②聞き手と話し手で担われる、③創造的なコミュニケーション行為である」と定義しています。

他者を理解するには、「対話」を通じて他者の意見を「傾聴」し、その上で自分の考え方や価値観を相手に語ることが必要です。「対話」の際の重要なスキルは、コミュニケーションの基本である「傾聴力」です。相手の個人的な体験や意見をしっかり聴くことによって、相手の価値観や物事に対する意味付けを知ることができます。

私のコミュニケーション研修ではいつも、相互に3分間ずつ「感動体験」の対話をしてもらいます。その際、聴き手は「うなずき」と「相づち」で対応し、「ひたすら相手の話を真剣に聴く」というルールで行ってもらいます。そうすると、目から入った聴き手の傾聴の態度が、話し手に安心感を与えます。

30人程度までの研修なら、相互の「対話」が終了した後、「他己紹介」という形で、自分の相手の「感動体験」を簡単に全員で発表してもらいます。

いつもこのワークで実感するのが、「対話」実施前と後との場の雰囲気の違いです。終了後、全体が「なごやかなムード」になります。お互いが、わずかの時間を共有し、自分の感動体験を聴いてもらうという簡単なワークでさえ、「対話」の持っている目に見えない効用が実感できます。

時間に余裕がある場合は、「対話」のワークショップとして「ヒーローインタビュー」という成功体験を聴きだす演習を入れることもあります。

やり方は極めて簡単です。誰にでも、今までに何かしら印象に残っている「小さな成功体験」はあるものです。しかしその体験を、日頃振り返ることはほとんどありません。

相手から投げかけられた「あなたが、今までの仕事で一番成功したと考えていることは何ですか?」という問を考え、次に「成功の要因は何だと思いますか」の質問に答えることで、自分の意識を深堀りすることができ、自分の振返りが自然に行われることになるのです。

自分の体験をまとめ、話をしっかりと相手に聴いてもらえる機会は、日頃なかなかありません。「対話」は、相互理解を深める役割を担っていますが、それに加えて、相手と「対話」することにより、「自分の考えをまとめ、伝える」時間も与えられることになります。それは、自分を掘り下げ、自己理解を深める機会でもあるのです。

私たちは、自分を客観的に見ることが得意ではありません。他者との「対話」により物事の「意味付け」の違いを認識すると共に、自己開示の機会を与えられることは、自分でも気付くことのなかった自己を知る機会ともなるのです。

このような「対話」が自然に交わされる組織が、労働組合の求めている「生き甲斐・働き甲斐」のある組織の一つの形ではないでしょうか。労働組合は、「対話」のもたらす共鳴を体験する取組みを、ぜひ実践してもらいたいと思います。

議論では問題は解決しない

組合役員に求められるコミュニケーション力には、「話が論理的に分かりやすく組み立てられていること」と「明快に伝えるスキルを持っていること」があります。しかし、いかに組合役員が、理路整然と持論を公開しても、全ての組合員が納得するものではありません。まして本部の決定事項を、自分の考えを加えることもなく伝達するだけでは、組合役員としてのコミュニケーション力があるとは到底いえません。

自分の属している職場の現状に合わせて、本部の決定事項をどのように具体化していくことができるかをまず考えることです。その際、組合役員間でも「対話」の機会を持つことも有効です。組合役員間ですら、本部の決定事項に対する捉え方が異なることがよくあることですから。

このような場面での解決策としては、「議論」を行うことが一般的です。しかし、「議論」をすることで意見の違いを解決するとなると、ともすると対立をより深くし、心理的に相互に傷を残してしまうことがあります。

一般組合員を対象にした「職場集会」や「ミーティングの場」において、彼らに理解し納得してもらうには、上辺だけの伝達スキルではなく、自分の思いを熱く語れるコミュニケーション力が求められます。

長年労働組合役員を経験している人の中には、「議論」によって人を論破することが労働組合の使命であるかのように思い込んでいる人もいます。しかし、いくら「議論」に負けたところで、納得していない人は、主体的に行動を起こしてくれません。なぜなら人は説得されて動くより、自ら納得し主体的に行動することを好む傾向にあるからです。

労働組合においての意見の相違に基づいた「議論」は、往々にして対立を深めることにはなっても、共感を得ることにはなりません。もちろん「議論」が必要でないといっているわけではありません。考えが対立しているときや物事を決める際には、「議論」はどうしても避けて通れません。その際、自分の立場で積極的に論理を展開することは極めて重要です。また、相手の言っていることを正確に受け止め、相手の立場で考えることも求められます。

労働組合と経営側で展開される労使交渉の場は、まさに公式の「議論」を戦わせる場といえます。その際に、求められるスキルの習得に有効な方法として、「ディベート研修」が活用されています。与えられた論題を「肯定側」「否定側」に分かれ、グループで討議し「論旨」をまとめ、限られた時間の中で第三者である判定者にアピールし、勝敗を決するというものです。知的なゲームとしても活用でき、論理的思考力とプレゼンテーション力の習得に効果的な研修といえます。

労働組合向けのディベートで非常に盛り上がったケースに、「労働組合は全面的に廃止すべきである」という論題がありました。労働組合の存在意義を真剣に考えるには最適なテーマでした。「肯定側」「否定側」双方で緻密な論理展開を行い、議論はヒートアップし、終了後は頭が爆発するような体験をしてもらいました。

自由な「対話」の場づくり

「対話」は、自然発生的にできるに越したことはありません。しかし、「不機嫌な職場」を改革するためには、「対話」の持っている情報共有化の役割を体験し納得してもらうことが必要です。そのためには、労働組合がストレスを感じずに、自由に自分のエピソードや経験を話し合う場を用意することが求められます。

もちろん、上司と一緒になって職場の中で「対話」の場を設けることも、日常の仕事では感じることのできない相互理解を深めることができ、有意義なものとなります。

しかし、職制上での「対話」の場づくりは、上司の「対話」に対する理解が前提になるため、容易に設けることができない場合もあります。そのためにも、労働組合内に「対話」の場をつくることの方が有効です。

「対話」が相互の信頼関係醸成にとって重要であるといっても、一般組合員にはなかなか理解できない取組みでしょう。「対話」がもたらす相互理解の重要性を、まず、組合役員が理解し、啓蒙をし続ける息の長い取組みとなる覚悟を持つことが必要です。

ある程度組合員の共感を得ることができてくると、ある時点から急速に「対話」をするムードが広がってきます。したがって、できるだけ多くの組合員と「対話」を持つことが、組合員の満足度を高める機会になります。組合役員が、一人ひとりの組合員に関心を持つことから始めてみてください。しかし、個人個人の「対話」をノルマ化することは、職場のワクワク感に逆行することになるので控えるべきでしょう。

多くの組合員との「対話」が難しい状況であれば、車座集会などの機会を作り、全員の意見を「傾聴」する取組みをすることから始めてみてはいかがでしょうか。

組織コンサルタントの堀公俊さんが、『対話する力』（日本経済新聞出版社）という著書のなかで「対話」について、非常に分かりやすく解説しています。彼は、

「対話とは、話し合いを通して、テーマの本質や意味を探求し発見する、一種の『知的遊戯（ゲーム）』だと考えれば分かりやすくなります。

たとえば誰かが『最近、仕事にやりがいがないんだよね』と悩みを語り、それをきっかけにして『やりがいってなに？　そもそも働く意味ってなに？』という対話が始まることがあります。みんなで、ああでもないこうでもないと仮説を出し合い、そのうちに『なるほど！』『それは斬新な利点だ！』という新たな考え方が飛び出したりします。そして、それが新しい対話への出発点になっていきます。」

と言っています。

飲みニケーションも有効である

以前から、組織においてはインフォーマルなネットワークが重要であるといわれています。インフォーマルなネットワーク作りに役に立つ方法に「飲みニケーション」があります。日常では、なかなか自分の意見を言えない人でも、アルコールが入ることにより発言することができるようになります。アルコールは、気持ちを大きくする効果があります。自分の考えを聴いてもらえるという欲求は、飲んでいるときでも出てくるものです。

「飲みニケーション」により本音の意見の交換ができるようになると、相互理解も深まりますし、難しい問題についての解決策を生み出す機会にもなります。「飲みニケーション」も

「対話」の形であることに変りはありません。

しかし、「飲みニケーション」にも注意しておかなければならない点があります。無礼講であるという言葉を過信したばかりに、言いたいことを言い過ぎて相手の気分を損ね、かえって関係を悪化させてしまうこともあります。そうならないような注意が必要です。アルコールが入ったことで、ついつい気が大きくなり言い過ぎたことが、その後の感情の行き違いを招くこともあるのです。

酒の中でもビールは、胸襟を開く飲料といわれています。ビールは、ちびちび飲む酒ではなく、豪快に飲むことができるアルコール飲料です。和気あいあいと会話を楽しむために不可欠な飲み物です。

しかし、組合員の中には、お酒の飲めない人もいます。また、お酒の席が嫌いであるという人もいますから、「飲みニケーション」の開催に関しては、そのような人に対する配慮も忘れてはなりません。飲むことが目的ではなく、あくまでも円滑に「対話」をすることが目的なのですから。

それぞれの組合にとって、企業環境や職場環境の違いがあり、取り組むべき問題に違いがあるのは当然です。同じ会社であっても、職場が異なれば抱えている問題は違うことも起こりえます。

「対話」のテーマ設定

労働組合役員がよく陥る傾向に、「問題は解決されなくてはならない」という思い込みがあります。相互理解を深めるための「対話」は、問題解決を目的として実施するのではないという意識をしっかり持つことが重要です。「対話」を実施する目的としての「大きなテーマ」を決めておくことは、「対話」の軸がぶれないためには必要です。しかし「対話」においては、問題点を明示したり、解決策を求めることは避けなければなりません。

労働組合の「対話」のテーマとして、まず取り上げてもらいたいのが「労働組合の存在意義の見直し」です。そのような大きなテーマのもと、左記のような問題について「対話」を進めてみてはいかがでしょう。

〔参考〕労働組合の存在意義の見直しのために取り上げたいテーマ

・日本社会は、今後本格的な少子・高齢化を迎えるが、自社はそれに対してどのように対応しようとしているのか？
・現在の自分たちの労働組合活動は、組合員の「生き甲斐・働き甲斐」にどのように貢献しているのか？
・グローバルな競争環境の変化に労働組合はどのように対応し、経営を支援する活動を展開したらいいのか？
・非正社員の組合加入を増やすことは必要か？

これらの項目を参考に、各組合で「対話」にふさわしい具体的なテーマを設定してみてください。

どの会社においてもさまざまな問題が起こっていますし、これからはますます複雑な状況になることが予想されます。職場で起きている身近な問題も、「対話」の有効なテーマとなります。問題の解決を焦ることなく、問題を掘り下げるためのツールとしてじっくりと「対話」を行ってみてください。

3　会社とのコミュニケーション

労働組合にとっては、組合内のコミュニケーションだけでなく、会社とのコミュニケーションも非常に重要です。労働組合の抱えている問題のほとんどは、会社とのコミュニケーションによって解決していかなければなりません。

ここでは、労働組合と会社との基本的なコミュニケーションについて考えることにします。

情報交換の場を広げよう

通常、労使のコミュニケーションというと、団体交渉や労使協議会の場面が思い浮かびます。経営に対して労働条件の向上や安全対策、福利厚生などの要求をして、その問題解決のためには、団体交渉や労使協議の場は重要です。

とくに労使協議会は、多くの労働組合において団体交渉の前に実施されています。そこでは、労働条件に関わる問題に加え、職場で起きている日常の問題や、経営にとっても重要な社員の意識変化などあらゆるテーマについて話合いが持たれます。

ただ、コミュニケーション不全の職場の生産性低下問題や、非正社員の格差によって生じているモチベーション低下の現状などは、労使協議会の場だけで討議しても解決が難しいテーマです。しかし、将来の会社経営にとっては、大きな影響を与える可能性のある問題です。また、ワーク・ライフ・バランスに対する意識変革への取組みも、労使が時間をかけて話し合うべきテーマです。

このような、中長期的な問題を討議するためには、公式な場だけでなく、気軽に労使で情報交換ができる場を確保する必要があります。

労使がお互いの立場を理解し、相互に自由に情報交換することで、共通の問題の解決に向けて取り組む機会を増やしていく努力を、まず労働組合からしてみてください。コミュニケーションを密にすることは、気楽に「報（報告）・連（連絡）・相（相談）」ができることに繋がります。ストレスを感じないコミュニケーションの場づくりは、労使間の信頼関係醸成にとっても効果があります。

職場集会や車座ミーティングなどへの上司の参加も、労使の情報交換の場となります。情報交換の場を広げることによって「ＷＩＮ－ＷＩＮの労使関係」を目指してください。

現場情報の迅速な伝達

労働組合は、現場を担当している組合員から日々情報を収集できる立場にあります。現場で起きている問題や、市場の変化をまず初めに察知するのが労働組合です。

通常、現場情報は、職制を通じて上に伝えられるものです。しかし、悪い現場情報は、ともすると職制で止まってしまうことがあります。また、組織が複雑になり階層が増えると、情報が衰退していきます。現場では非常に鮮度の高い情報であっても、当事者でない上司は、その情報を割り引いて聴き取ってしまうこともあります。

現場の情報が１００％経営に伝達されることなど望むべくもありません。雪印の事件などに見られたように、現場で起きている重大な変化が的確に伝わらなかったため、経営陣は迅速に対応できず、企業の存続が危ぶまれることすら起きたのを、私達は身近に見てきました。

このような問題に対処するためにも労働組合は、現場組合員の相談窓口としての機能を活かし、現場の情報を収集し迅速に経営に伝達する必要があります。また、組合員間のコミュニケーションを円滑にする機会は、常に用意しておく必要があります。現場情報を経営に伝達するコミュニケーションが的確に行われていることが、企業不祥事を未然に防ぐことにも繋がります。

労働組合が健全に機能しないと、組合員の現場の不満解消ができなくなり、会社にとって不利益な行動に及ぶ危険性もあります。会社の不利益は、そのまま労働組合にとっても不利益な状況を作り出すことを再認識しておきましょう。

会社情報の的確な伝達

会社情報の的確な伝達というコミュニケーション機能は、「現場情報の迅速な伝達」の逆のコミュニケーション機能です。経営情報の組合員への正確かつ迅速な伝達機能を、労働組合が担っているというものです。

本来、経営に関する問題は、職制を通じて上から下へ流されることが基本ですが、的確に経営情報が流れていかないことの方が一般的です。管理職であっても、経営方針を100%正確に理解している人はいませんし、熱意も価値観も衰退していくものです。

情報技術の進展により、コミュニケーションの手段は大幅に増え、手軽になってきていま す。しかし同時に、情報の氾濫が起きており、どの情報が本当に重要であるかが分かりにくくなってきています。

そこで、経営に代わって労働組合が伝達機能を担うことになります。とくに、人事制度や経営問題など、組合員の関心の高い情報は、職場集会やオルグ（勧誘活動）の機会なども活用し、きめ細かく伝達することも可能になります。経営も、労働組合の伝達機能をうまく活用することにより、スムーズな業務遂行が可能になります。

私はかつて、ヤマト運輸の社長であった小倉昌男さんの労働組合向けの講演を聞く機会がありました。その中で、経営情報を迅速に労働組合に伝えることにしていたとの話がありました。「人事異動の経営会議の際に、会議室の隣に労働組合の委員長を待たせておき、決まった段階で真っ先に伝えた。どうせすぐに分かることですから、早く知らせても構わないと判断していました」とのことでした。経営と組合の信頼関係は、そんな場面においても垣間見られるものなのです。

4 「対話」のスキル習得のワーク

マッピング・コミュニケーションの効果的な活用

コミュニケーションの方法は、「会話」や「対話」だけではありません。限られた時間で、解決策を考える際に活用できるものに、明治大学教授の斉藤孝氏が提唱している「マッピング・コミュニケーション」という手法があります。

私は、研修の中でよくマッピング・コミュニケーションを取り入れ、実際に体験してもらっています。そのやり方を説明しておきます。

▨マッピング・コミュニケーションの進め方

① まず、解決すべきテーマを選定します。

② そのテーマにとって重要なキーワード（マザーワード）を選定します。たとえば、『労働組合の活性化策』を考える」というテーマで、マッピング・コミュニケーションを実施する場合、キーワードは「労働組合」にするといいでしょう。

③ グループの真ん中に模造紙を置き、その中心に「労働組合」と記入し丸で囲みます。

④ 各自が自由に労働組合から連想する言葉を記入し、線で結んでいきます。

⑤ 続いて2段階目になると、今度は労働組合から連想された言葉をキーに次の言葉を発想していきます。

⑥ 各自で、他人が記入した言葉に基づき、思いついた言葉を次々に記入していきます。

その際、線や矢印で結ぶことも重要です。

⑦ 15分から20分のマップ作成を終了する段階では、模造紙が混沌とした状態になっています。それがいいマップといわれる状態です。

⑧ 約10分間かけて、作成したマップの中から、テーマの「労働組合の活性化策」にふさわしい言葉を5つ程度選定し、色分けします。

⑨ 5つの言葉が選定された後は、これを使って、グループで討議しながら自分たちの結論としてまとめることになります。

実際にやってみると、通常の会議のような重苦しい雰囲気とは違って、楽しみながら、限られた時間で結論を導き出すことができます。

マッピング・コミュニケーションの研修を体験したある職場リーダーが、職場で皆を巻き込んで実施してみたそうです。その結果を聞いてみたところ、「マッピング・コミュニケーション」は、非常に受け入れてもらいやすく、その後、自主的に職場の壁に模造紙を張り出し、職場の問題解決に活用しているとのことでした。

このようなツールは、頭で理解しているだけでは何の意味もありません。いかに、組合内や職場で活用できるかが重要なのです。

マッピング・コミュニケーションの具体例

労働組合でよく実施してもらうマッピング・コミュニケーションに、「私たちが考えたレクリエーション」があります。

模造紙の真ん中に『レクリエーション』と記入し枠で囲み、それをキーワード（マザーワード）とし、参加メンバーが思いついた言葉を次々に書き出していきますと、図2－1にあるようなマップができあがります。

できるだけ、他のメンバーが書いた言葉から自分で連想し書きつないでいきます。傍観者になることや代筆してもらうことは禁止です。10分くらいすると、笑い声が出てくるものです。楽しみながら取りかかってみましょう。

図2－1　マッピング・コミュニケーション

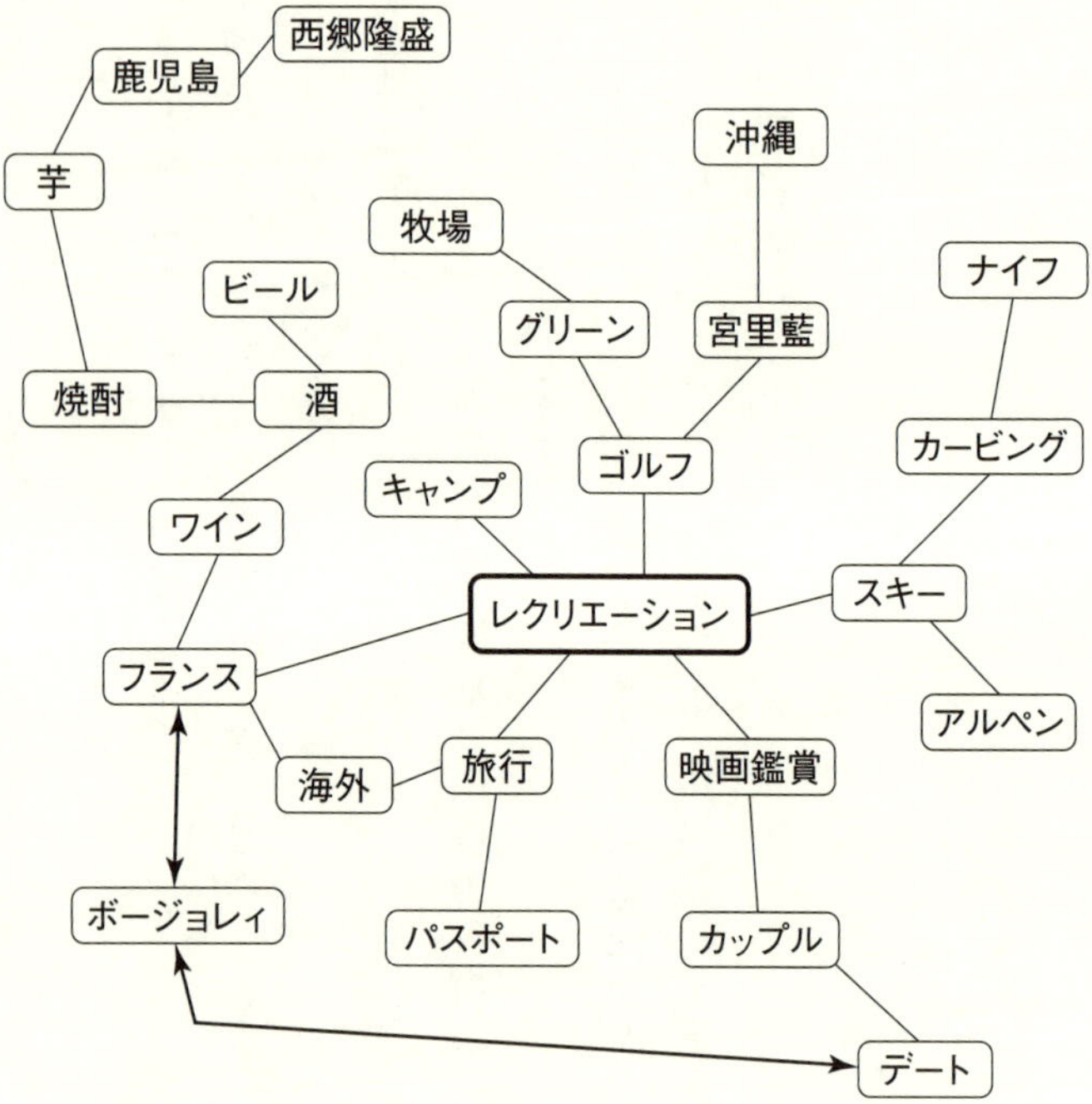

■マッピング・コミュニケーションのポイント■

1．真ん中から書く
2．文章ではなく、キーワードで書く
3．自分の言葉、メンバーの言葉も特定せずメモする
4．各人の領域を決めない
5．キーワードを線や矢印で結び関係付けていく
6．キーワードから次の言葉を連想していく
7．制限時間を決める（15分～20分）
8．出てきた言葉の評価をしたり、考えを否定しない

ワールド・カフェ

その他に労働組合のコミュニケーション強化のワークとして活用されるものに「ワールド・カフェ」があります。『チームビルディング』（堀公俊、加藤彰、加留部貴行著、日本経済新聞出版社）から引用して説明します。

名前の通り、カフェで語り合うように対話する方法ですが、メンバーが動き回るところがポイントです。

ワールド・カフェの進め方

① オープニング

5～6人のグループに分かれて、テーブルに着席し、テーブル一面に模造紙を広げます。まず、テーブルごとに軽く自己紹介をしてから今の気分を語り合います。あわせて、各テーブルに好きな名前（旅館や店の名前など）をつけて、紙の真ん中に書いておきます。

② ホームでダイアログ

進行役が対話のテーマを宣言し、テーブルごとに自由に語り合います。テーマは、ダイアログ（対話）と同時に、メンバーが共通に語り合える大きなものがいいでしょう（私たちが目指す労働組合像は、など）。対話して、思いついたことや印象に残ったことを、各自テーブルの上の紙にメモ（落書き）していきます。書き方は自由で、色や絵を駆使しながら楽しく描いていきましょう。ただし、個人のメモを取るのは禁止で、すべてテーブルに残すようにします。

③　旅先でのダイアログ

30分程度ダイアログをしたら、各テーブルで1人（オーナー）を残して、残りは他のテーブルに移動します（旅に出るといいます）。移動した人も残った人も、自分がいたテーブルでどんな話があったかを紹介し、先ほどと同じようにダイアログを続けます。時間があれば、同じ要領で何度かこれを繰り返します。

④　ホームでのダイアログ

旅先でのダイアログが終わったら、全員が元のテーブルに戻ります。旅先でどんな話があったのかを披露し合い、さらにダイアログを続けます。その中で皆の共通の思いが見つかったら、それも書き加えておきます。

⑤　全員でダイアログ

各テーブルから紙を回収して、会場の前面に張り出します。その前にイスを扇型に並べ直し、紙を見ながら全員でさらなる対話と振り返りを行います。結論をまとめる必要はなく、作品を眺めながら、共通の思いや発見がないかを振り返っていきます。

ワールド・カフェは、結論を求めることを目的とせずに、あくまでもメンバー間の考えを共有することを目的としています。お互いにストレスなく「対話」することで、一体感を味わうことができれば、メンバー間の信頼関係が作り出せるはずです。

労働組合のコミュニケーションスキル向上の取組みは、前記以外にも「オフサイトミーティング」「ワイガヤ集会」「車座集会」等いろいろあります。組合役員は、いくつかの手法を身に付けておき、場面場面に応じて使い分けるよう心がけるといいでしょう。

第3章

労働組合の現場力

問題は現場で起きている

〈ケーススタディ〉

◆S労組に見る現場力

1999年、当時、ほとんどの労働組合が春闘においてベースアップを要求する中にあって、化粧品メーカーS社の労働組合は、ベアゼロ要求を戦略的に実施し、経営の建て直しを求めました。S社は、期末偏重の営業により発生した不良在庫発生で、市場シェアの継続的減少が続いていました。この現状に危機感を抱いた現場から寄せられた声は、「組合は、この現場の状況を知っているのか。賃金交渉も大切だが現場の問題を指摘して、経営の立て直しを組合として強く会社に求めて欲しい」というものでした。

これを受け組合執行部は、抜本的な経営改革を最優先事項として、ベアゼロを要求することにしたのです。会社も、組合がベアゼロの方針で会社の抜本改革を要求してきたことを、大変なことであると受け止めました。団体交渉終了後、会場に社長が出席し「共に頑張りましょう」と握手までしたそうです。組合は、これで改革が進むとの期待を膨らませました。

ところが、次の期末を迎えると、販売第一線の組合員より「依然として期末偏重の販売が行われている」との声が寄せられました。そのことを会社に伝え、早急な対応を求めたものの、会社は一部の事業所において起きているだけであるとの認識しかなく、組合の主張と大きな乖離がありました。

組合は、すぐに全国100名の営業担当者等に記述式のアンケート調査を実施し、できるだけ定量的データとしての実態把握に努めたそうです。その状態をデータにより会社に示すことで、改善されていない実態を明らかにし、2000年の春闘を迎えました。まだ、組合員には会社の変化を感じるまでに至っていない状況にありましたが、執行部は、再度、組合員の総意として、会社の抜本的改革のため、2度目のベアゼロを要求したのです。

会社のある部門長は、「近い将来必ず組合の求めている良い会社にしたい。会社を信じてくれ」と涙をにじませ話したそうです。ハートとハートのぶつかり合う、感動的な団体交渉となりました。

S社は、その後2001年に店頭をすべての基点とするということを理念とした経営改革を発表し、その後インフラの整備をはじめ、組織マネジメント改革、マーケティング改革、サプライチェーン改革などが実施されていきました。

チェーンストアの全店にＰＯＳレジを無償で導入し、店頭での売上を基点として、全活動を見直していくというものでした。品切れ偏在も生じさせない仕組みづくりであり、店頭で売り切る営業、店頭売上に即応した生産体制、フレキシブルな物流、在庫最適化の強化、ブランド数の整理などです。

この発表と同時に、改革には大きな投資が必要であることを主な理由として、３度ベースアップゼロ、前年を大きく下回る夏季賞与の会社提案がありました。

組合要求案を検討する手前での会社提案であったため、労働組合にとっては、まさに痛みの伴う改革となりましたが、この改革を成功させることが、組合員にとって、長期的な処遇や労働環境改善につながるものと捉え、厳しい会社提案を受け止めました。

このような４年間ものベアゼロを組合が容認することで、会社経営の抜本的改革を実施したことの意義は大きなものがあります。


まさに、これからの労働組合は賃上げの交渉だけでなく、真の経営サポート機能の重要性も認識し、より良い会社づくりに取り組んでもらえればと思います。

1　労働組合の現場力とは

「現場力」という言葉が注目されています。「現場」が企業の価値を生み出す役割を担っていると同時に、「現場」で起きている問題が、企業経営に大きな影響を与えることもあります。労働組合は、組合員を通じてものづくりの現場である工場や、消費者接点の現場である売場を担当しています。「現場」を担当している組合員には、日々変化する「現場」に対応し、迅速で的確な行動が求められます。

「現場」において、適切な対応を間違えると、企業の根幹を揺るがす大きな問題に発展してしまう場合もあります。現場におけるオペレーションの巧拙が問われることもあるのです。

本章では、労働組合の持っている「現場力」とはどのようなものであるのか、労働組合にとって「現場力」を高めていくことの必要性について考えます。

逆さまのピラミッドの発想

経営戦略を考える際に「お客さまの視点」から考えることが大切であるといわれています。

お客さまと常に接しているのが「現場」であり、そこを担当している人は従業員＝組合員です。企業における伝統的なマネジメントは、経営トップの方針が、ミドルマネジメントを通じ従業員によって現場で展開されます。

それに対し、「逆さまのピラミッドの発想」は、現場の情報を上から下に下げることにより、現場に重点を置いた経営を展開するという発想に立っています。

「逆さまのピラミッド」においては、現場を担当する従業員の一人ひとりが、自主的に、起こっている現象を抽出し、問題点を把握し、解決策を考案し、実行、評価することを期待しています。しかし、従業員が自主的に行動し評価することは現実には難しいものです。そこで、管理職がサポートし、

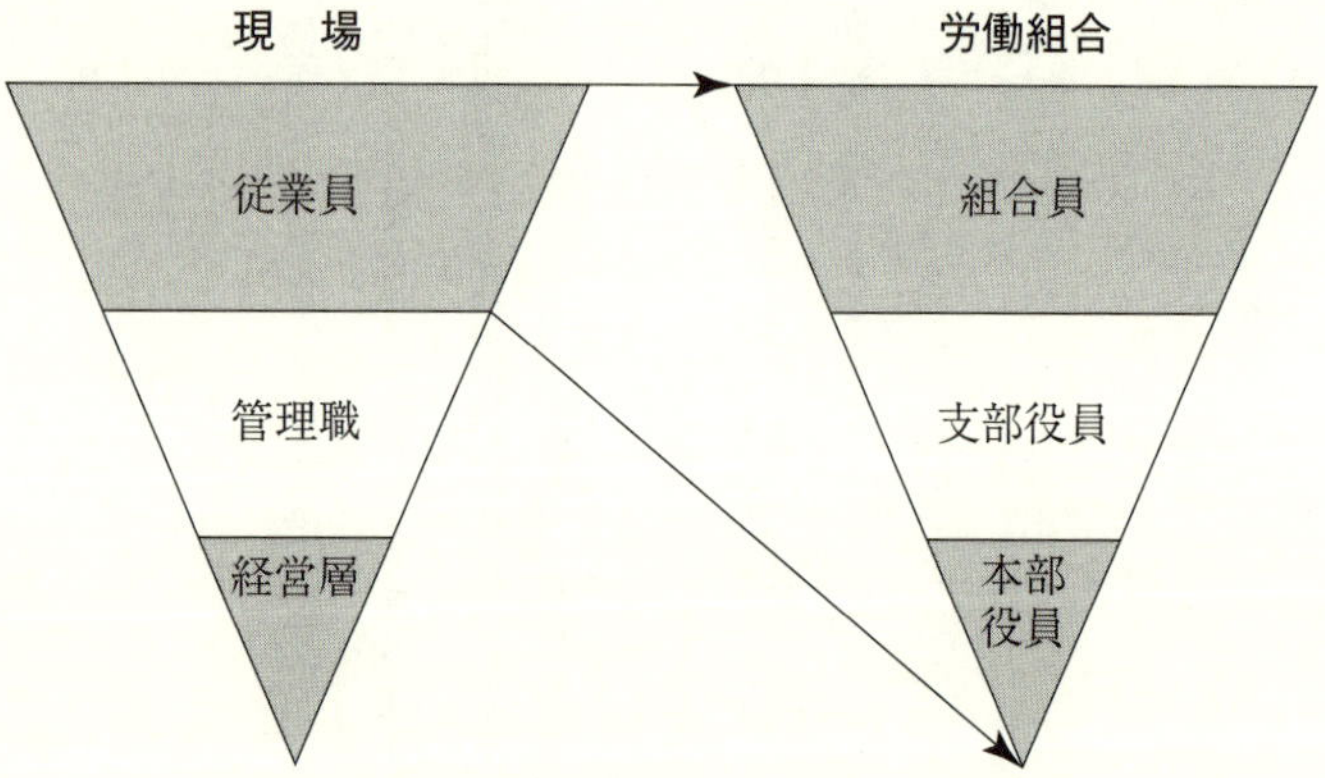

図３－１　逆さまのピラミッド

従業員と協働で問題解決に当たることが通常の形となります。

問題が起きている現場を担当しているのが、労働組合です。労働組合においても、組合活動を「逆さまのピラミッド」でとらえる意識を持つことが求められます。現場で起きている問題は、できるだけ現場で即時に解決する仕組みを作り上げておきたいものです。

通常、現場を担当している組合員は、職務に関する問題は職制を通じ上司である管理職に報告し対応します。しかし、労働条件や職場改善に関する現場の要望は、組合役員に対応を求めることもあります。

組合役員が、現場で起こった問題を正確に把握し、的確に処理する能力を身に付けることは簡単ではありません。まずは、事実を確実に収集し、労働組合と会社が協働し、問題の解決に当たる姿勢を示すことです。

正確に事実を把握しないで問題解決に当たることは、当事者の一方に偏った解決を実施することになったり、表面の事象だけを解決し、問題の根本原因は放置された状態のままとなる危険性もあります。そのような事態に陥らないためにも、組合役員の現場の正確な把握力が問われます。5W2H（Who・When・Where・What・How・Why・How much）で事実を正確に捉える習慣を身に付け実践していくことが重要です。

〈ケーススタディ〉

◆現場力を発揮し、生産性を著しく向上させたF社の労働組合

2003年秋、機械メーカーであるF社の労働組合は、現場からの経営改善に取り組みました。埼玉県の工場では、支部長・執行委員が中心になり、職場委員をチームリーダーとした『小集団活動』を結成しました。そして職場の課題を抽出し、改善策を検討することになりました。

現場から出てきた最大の課題は、部門間の連携の悪さからくるライン停止による製造時間のムラの発生です。それが原因で、当工場は2年間にわたり赤字を計上する状態にありました。「円滑な作業の推進により利益の出る体質をつくろう」という目標に向け、2004年から13の職場単位で『小集団活動』が動き出しました。

まず、加工組立部門での活動が2004年1月から始まり、『5Sの徹底』と、後工程には不良品を流さないという『後工程はお客さま』のテーマに取り組みました。最初、職場メンバーからは「なぜ、労働組合が職場の改善や生産性向上に取り組むのか」「みんな

バラバラに仕事をしている現状で、どうやって活動をするんだ」という意見も上がりました。

しかし、職場の班長も兼ねている執行委員の熱心な働きかけにより、「とりあえず取り組んでみよう」という動きが徐々に職場内に起きてきました。職場の『整理・整頓』の徹底と、作業の『段取り』を確実に実施することから改善に取り組みました。

その結果、３ヶ月間で、今まで製品の型変えに36分かかっていた工程が、段取りを統一し全員がそれに則り実施できたことにより、28分に短縮されました。これを1日平均5、6回実施しますので、1日で40分以上の時間短縮になりました。

その後、工場内の他の職場においても、加工組立部門と同様に『小集団活動』が展開されていきました。その結果、２００４年秋には、当工場は年間黒字を達成するまでに改善されました。とくに、今まで部門間の連携の悪さから、全体での業務の停滞が頻繁に起きていた現状が、『後工程はお客さま』の意識を持つことにより、信頼関係が醸成できたことは大きな成果です。

労働組合の持っている「現場力」は、強制的でもトップダウンでもありません。現場を担っている組合役員の課題発見と職場改善の熱意によるところが大きい取組みです。どの職場にも課題が横たわっています。その解決に向けて、職場をまとめ行動に移す仕組みを考えてみてください。

現場からの商品開発

現場力の提唱者でもある早稲田大学ビジネススクール教授の遠藤功氏は「企業において最後に結果を出すのは現場である」といっています。また、同氏は「トヨタでは従業員からの現場の改善提案が年61万件も寄せられるという。従業員一人当たり7～8件という驚くべき数であり、その実行率は91%にも達するという。花王、キヤノン、小林製薬といった企業でも、現場からの改善提案、新製品アイデアを募り、それを具現化することで成長を続けてきた。企業の成長力、持続力を支えているのは、一人の天才ではなく『問題を発見し、解決する』能力を備えた現場の集団の力。こうした『オペレーショナル・エクセレンス』の基礎となるのは、『すべてはお客さまのために』という発想である」といっています。

このような企業の「強さ」を作り出している「現場力」を、労働組合としても活用している例があります。あるコンビニエンスストアの労働組合では、毎年、組合員に対し新しい弁当を考案するキャンペーンを行っています。実際に優秀な企画を商品化し店頭で販売し、毎年お客さまの支持を集めています。

流通業の現場には、毎日、POSデータでは把握することのできない、生きた情報が集められています。お客さまの不満や不便、不都合を身近で感じることができる「現場」は、メーカーにとっては新たな商品開発のヒントになりますし、店舗にとっては効率の良い売場作りにつながっていきます。労働組合がキャンペーンの形を取り、組合員のアイデアを集め、商品企画にまで昇華させることは、「現場力」発揮の最高の形ではないでしょうか。

前出の遠藤氏は「芳香・消臭剤や衛生商品の分野において、消費者の生活に根ざしたユニークな新商品を次々に投入する小林製薬では、年間2万件近い新製品アイデア提案が現場から出されている。同社では、新製品が全社売上に占める比率（新製品売上寄与率）を初年度製品で10％、過去4年間に投入された製品で35％にするという目標を設定し、現に達成しているが、それを可能にしているのはまさに現場の触覚なのである」といっています。

「労働組合は、経営に参画する必要はない」などと労使で境界を作り、物が売れないことを会社や市場のせいにする前に、労使協働で自分たちの従来のやり方を変えていく努力が望まれるところです。

遠藤氏はこれからの企業にとって必要なことは、「汗をかく現場」から「知恵をだす現場」に変わっていくことであるとも言っています。個々の組合員が、自ら知恵を出し、それをチームとして取り組んでいく企業風土を創りだすことが、「現場力」のそもそもの目的なのです。

2　労働組合に求められるコンプライアンス

現場情報伝達の重要性

労働組合に求められる役割は、現場で起きている現象を経営に確実に伝え、迅速な対応を仰ぐことにあります。しかし、労働組合が、経営に現場情報を伝える機会は常にあるわけではありません。一般的には、労使交渉や経営協議会などという公式の場面や、経営諮問委員会への出席などに限られています。

経営は、現場情報を通常、職制を通じて入手します。しかし、ともするとその情報は中間に介在する人によって、都合のいいように歪められることもあります。とくに「悪い情報」ほど上に上がりにくい傾向があるといわれています。企業の不祥事が現場で隠蔽されていたために、経営の対応の遅れを招き、企業の存続すら危ぶまれたケースもありました。

また、中間管理職は、上からの評価を気にするあまり、自分にとって都合の悪い情報は握りつぶすことすらあります。経営に重大な影響を与えるかもしれない市場動向や職場での従業員問題など、経営に早期に知っておいてもらいたい情報は、労働組合が迅速に伝達することが必要です。

労働組合も経営も「良い会社」を作り出すことを共通の目的としています。「良い会社」の特徴として、従業員が気持ちよく働ける職場を作ることがあげられます。日頃から、組合役員はアンテナを高く張り、現場情報を敏感に察知し、それに対応できる現場力を身につけておきたいものです。

職場で発生した問題については、組合としての対応ルールを組合員に周知しておくことも必要です。職場でおかしいと感じたことは、まず組合に報告してもらうルールや、職場で起きているパワー・ハラスメントやセクシャル・ハラスメントの報告ルールなどは決めておくと、いざというときに活用できます。

「労働組合は、組合員の立場に立ち、良い職場を作る取り組みをしている」という意識を、組合員に持ってもらえる関係を作り上げることが必要です。

マスコミに大きく取り上げられた不祥事のほとんどが、社内告発によるものであることを踏まえ、労働組合が従業員の不平不満の窓口としての役割を果たすことが必要です。そして、会社の不祥事を察知したときは、毅然とした態度で会社に改善を申し入れる勇気を持つことが重要です。

コンプライアンスとは

コンプライアンスは、もともと「法令遵守」と訳されてきました。しかし、ＩＳＯの取得企業などでは、相次いだ不祥事の発生により、「単なる法令遵守では不充分」であるとし、高い倫理性も求められることになっています。

日本人は、法律に対して従来から関心が薄く、法律を軽視する傾向があります。しかし、いざ法律によってペナルティを課せられたり、法律に基づく手続きをするような場合は、過度に緊張する傾向にあるといわれています。

企業にとって重要なマネジメントは、不祥事が発生した後の対応をいかに適切に行うかです。であるのに、事前に賞味期限切れの商品のラベルを張り替えたり、輸入牛肉を国産牛肉と偽り補助金を搾取する等、事前に違法を知りながら発生させた悪質な事件もありました。

また、予想もしなかった問題が発生し、報告が遅れたことにより迅速な対応ができなかった雪印乳業の事件なども多くの教訓を与えてくれました。経営者のコンプライアンスに対する不適切な対応が厳しく追及され、企業の存続すら難しくなるのです。

従来から、多くの企業において、危機管理（リスク・マネジメント）が厳しくいわれていました。しかし、緊急事態発生時のマネジメントは「クライシス・マネジメント」と呼ばれ、区別され始めています。「クライシス・マネジメント」の基本的な考え方は、「隠さない、すぐ公表する、すぐ報告する、すぐ回収する」にあるといわれています。

企業においては、今は、リスク・マネジメントに対する対応もさることながら、クライシス・マネジメントに対する対応に関しても十分配慮しなければならない時代になったのです。ＩＴ化の進展により、瞬時に情報が世界に伝わる時代になっています。企業が、一段と社内統制を強化しなければ、万一の場合に対応できない状況に陥ることも考えられます。

しかし、過度に社内統制を強化することは、社内にギスギスした人間関係を作り出すことにもなりかねません。労働組合は経営と共に、組合員がコンプライアンスを意識しながらも、嬉々として働くことができる環境整備に取り組んでもらいたいものです。

日本航空に見る労使関係の問題

日本航空は、会社更生法の適用により、大幅なリストラを含めた経営改善計画を提出し会社の再生を図りました。

日本航空は、2010年6月に8つあった労働組合が6つになりました。しかし、会社寄りの最大労組「JAL労働組合」が主流であるものの、反会社色の強い労働組合も独自の活動をしています。会社は、今までも労組の対策に多大なエネルギーを費やし、複雑な労使関係をうまく利用しながら経営してきていました。

しかし、反会社色の強い労組は、ボーナス要求などの闘争をバラバラに実施してきました。また、一部組合においては、会社の経営状況が悪化していた2008年においても、「組合員の安全のため」を理由として、業務移動時のグリーン車やビジネスクラスの使用、出勤時のハイヤーの使用など、役員でもしていなかった非常識な要求も行っていました。

日本航空の今回の経営危機に対しては、経営陣の経営力の無さだけでなく、同社が抱えてきた極めて異常な労使関係、とくに反会社側組合の横暴も指摘されています。

苦しい経営状況にもかかわらず行われてきた反会社側組合の過激な闘争や、現場の状況を無視した労務対策を押し付けてきた経営と会社側組合「JAL労働組合」の弱腰な対応は、結果として社員に、会社・組合不信や士気低下を蔓延させることにつながっています。

また、職務別や会社別の組合間の水面下での対立が深刻化し、正常な経営活動の障害となり、今日の日本航空の経営危機の原因の一つになったとの指摘もされています。

本来、組合はコンプライアンス重視の立場に立って、会社のチェック機関として、経営状況の把握や顧客の立場に立っての経営改善策の検討等を実施すべき存在でなければなりません。

今回の同社の経営再建問題は、「日本を代表する航空会社だから国はつぶせない」という甘えがあったとしか言いようがない事態です。しかし政府も金融機関も、あまりにも国民を無視した行動に対してレッドカードを突きつけました。大幅なリストラを実施せざるを得ない状況まで追い詰められてしまったのです。

労働組合は、会社が存続してこそ存在できます。日本航空の反会社側組合のように、組合員の立場を盾にとって無理な要求をしたり、会社側組合のように経営の言いなりになり、組合員を省みないような行動をとることは、コンプライアンスの点からも極めて問題であることを証明しています。

労働組合の持っている危機回避機能

労働組合は、経営に対するチェック機能を担っています。そのためにも、現場で起きた不祥事や事故は、迅速かつ正確に経営に報告することをルール化しておく必要があります。また、従来から慣習で行ってきて、誰もがおかしいと気付きながらも放置されている作業、安全対策を講じなければならない危険な作業等も、早急に見直すことが重要です。

賞味期限が切れた商品のラベルを張り替えて出荷するという不祥事なども、従業員はおかしいと気付いていても、別に商品が多少劣化しても消費者は気が付かないし、まして人体に影響などないから問題ないという習慣が引き起こしたケースでした。

そのような事実は、経営も認知しながら放置してきたことが問題でした。しかし、それ以上に「現場」に近いところにいる労働組合が、なんら行動を起こしてこなかったことも糾弾されなければなりません。

コンプライアンスは、経営だけに任せておけばいいというわけにはいかないことを、組合は再認識すべきです。

労働組合は、常に「現場」の状況を冷静に判断し、悪習になっているような事実を察知した段階で、経営に対し改善を求める行動を起こす勇気を持つことです。

企業の不祥事の多くは、内部告発によるものがほとんどです。もちろん、企業の無責任な対応や、非道徳的な習慣は到底許されるものではありません。ましてや、一般市民の健康を損なう可能性のある行為や、市民や社会を不安にするような行為は、厳しく罰せられて当然でしょう。

平成18年に公益通報者保護法が施行され、内部告発をした人が不利益をこうむることがないように保護されることになりました。

しかし、労働組合がある企業において、内部告発が起きる企業風土自体が問題であるとも考えられます。労働組合が、内部告発が起こるような事実を把握することができなかったことや、労働組合に相談しに来る人も少ないことは、労働組合の存在が希薄であるという実態を反映しています。

労働組合は、会社に対するチェック機能を日頃から働かせ、経営と一緒になり「良い会社」を作る活動に取り組むことが求められます。

職場のチェックを強化しよう

労働基準法の改正により、2010年4月より月60時間を超える法定時間外労働に対して、会社は50％以上の率で計算した割増賃金を支払うことになりました。これに伴い、サービス残業が増加する危険性も指摘されています。労働組合は、従来にも増して職場の労働時間の管理に注意を払うことが求められています。

また、管理職の中には、労働基準法を正確に理解していない人もあり、従来の企業の慣習に基づいて、残業の強制やパワハラまがいの行動をとるケースもあります。とくに休日出勤の強制などは、従業員のワーク・ライフ・バランスを著しく阻害する行為に該当します。事前の労働組合への打診も含め、再度企業内のルールの見直しを行う必要があります。

従業員は、日頃から上司の命令に対しては、全面服従の態度をとる人がほとんどで、たとえ不当な命令でも従ってしまうことが多いものです。しかし、自分さえ我慢すればという態度は、職場の他のメンバーのモチベーション低下にもつながりかねません。労働時間の問題の難しさは、個人の考え方に大きく左右されがちなことです。組合としての経営との「時間外労働に関する」協定の見直しも、この機会に実施しておくことが望まれます。

また、セクハラが行われていないかをチェックしておくことも、労働組合の重要な仕事です。最近、セクハラに関しては、会社も神経を使っていますが、気軽に女子社員を飲みに誘うことが習慣になっているような人は要注意です。今まで当たり前に行われていた行動でも、相手の取り方によってはセクハラとなる可能性があります。労働組合としては、職場の実態を調査しておくことが必要です。

労務問題に関して理解していない管理職は多いといわれています。知らないがゆえに、日常業務においてルールを破ることもありえます。もちろん、管理職だけでなく、従業員も労働関係法規を理解しておくことは重要です。そのためには、労働基準法を中心に職場に関係する労働法規の勉強会を労使共催で実施する機会を作っておきたいものです。

3　労働組合に求められる「うつ病」対策

「うつ」は心の風邪

「うつ病」の問題、いわゆるメンタルヘルス不全は、多くの企業でその急激な増加に頭を痛めており、放置することのできない状態になっています。

うつ病の生涯有病率（うつ病にかかる割合）は6・3％といわれ、国内のうつ病者は、300万人とも推計されています。

「うつ病」は、20~40歳代の働き盛りの人がかかる割合が多いと報告されています。企業においては、医師やカウンセラーなどを配置し、「うつ病」になった従業員の治療や職場復帰促進という対策をとっています。

しかしこのやり方は、根本的な「うつ病」対策にはなっていません。職場に復帰した従業員が、また不調を訴え仕事ができない状態になるケースも多くみられています。「うつ病」の問題は、個人の資質に起因するのではなく、多くは職場環境、とくに上司との関係の不調や、職場のメンバー間のコミュニケーション不全、仕事内容や仕事量によっています。

上司のパワー・ハラスメントによるストレスから出社できなくなったケースも数多く指摘されています。会社もメンタルヘルスのチェック体制やカウンセラーの配置など対応しているものの、従業員からは、相談しにくいという不満も寄せられています。

とくにIT業界では、「うつ病」になる従業員は、一般企業の2~3倍であるといわれています。業界の特性として、一人でコンピュータ相手に仕事をすることも多く、コミュニケーション不全に陥りがちな傾向にあるのかもしれません。前章で取り上げたコミュニケーションの重要性は、メンタルヘルスの面からも改めて考えておかなければなりません。

労働組合は、「うつ病」は「心の風邪」であり、誰もがかかる可能性のある軽い病気であるという啓蒙活動をきめ細かく実施すると共に、会社と共催で「メンタルヘルスセミナー」の開催などにも取り組むことが必要です。

心理学者の小倉千賀子氏によると、日本人は「メランコリー親和型性格」と呼ばれているそうです。几帳面で生まじめ、責任感が強く、頼まれたら嫌といえない、秩序を重んじるといった特徴があるそうです。

また、小倉氏によると日本人には「同調性性格」という特徴を持っている人も多いといっています。そういう人は、周囲の人にうまく自分を合わせていくタイプで、非常に人づきあいが上手であり、敏感にその場の空気を読んで、相手がして欲しいと思っていることをしてあげます。そういう人といると、周りはとても気持ちよく話ができますが、そういう「同調性性格」の人も、「うつ」になりやすいといわれています。

職場で起きているギスギスした雰囲気や、上司による恒常的なパワハラの現状は、現場にいる組合員しか把握できません。経営側だけでは、職場の雰囲気改善や上司のパワハラを止めることができない実態が報告されています。労働組合の協力がどうしても必要になるのです。

自分がうつであることは、会社や上司に知られたくないと思うものです。うつ状態から自殺という最悪の状況を引き起こさないためにも、労働組合は会社と共に、従業員のうつ状態の把握に努めることが求められます。

もちろん、カウンセラーの資格を取り、組合員の相談に乗れればそれに越したことはありませんが、現実には難しい問題です。そのようなときには、前述した「傾聴」を実践することが有効な対処法です。

自分の気持ちをただ聴いてもらうだけでも、精神的に落ち着くといわれています。難しいかもしれませんが、組合役員は、「よろず相談窓口」として組合員の不満や心理的負担軽減の役割を担うことが必要です。職場に「うつ」の症状が出ている人がいないかを常に観察し、もしそのような人を察知したときは、会社と共に適切な対応をとる仕組みを検討しておきましょう。また、組合に相談に来た人に対しては、報告した本人に責任が及ぶことのないよう配慮し、会社へも対応を促すことのできる体制を作っておきたいものです。

成果主義が「うつ」の原因？

最近では「人事考課」は、成果主義の手法として導入される「目標管理制度」に基づいて実施されることが一般的です。しかしその成果主義が「うつ」の原因のひとつであるともいわれています。「人事考課」は、部下を持つ上司にとって一番嫌な仕事かもしれませんが、部下としても辛い体験を毎年しなければならないのです。

「人事考課」は通常、「上司との面接」や「自己評価」といった過程を経て実施されます。目標管理の「自己評価」や「上司との面接」は、部下にとって心理的にプレッシャーを感じる場面です。とくに、几帳面で自分が完璧な仕事をしないと満足できない性格の人にとっては、上司の自分に対する評価を人一倍気にするものです。そのような性格の人ほど、成果主義の導入によって「うつ」状態になりやすいといわれています。

ささいな失敗をいつまでも気にして、自責の念に駆られる人もいます。人事考課の時期には、労働組合役員は、いつにも増して従業員の動向に注意を払う必要があります。労働組合としても「目標面接の研修」や「目標管理制度のアンケート」なども実施し、できるだけ組合員に負担がかからないよう配慮したいものです。

また、「成果主義」の導入に伴って発生しやすい「他人に対する非協力的な行動」こそが、人事考課以上に「うつ」の原因になりがちです。そのためにも労働組合には、コミュニケーション機能の更なる発揮が求められているのです。

「うつ」と自殺の関係

日本における自殺者は、平成10年から21年まで、年間3万人を超えて推移しています。自殺は、「うつ」が原因で引き起こされることが多いといわれています。「うつ」状態が進んでいくと、自責感、罪悪感、絶望感などが強くなり、最終的に自殺願望にまで発展することがあります。

『鬱のパワー』（講談社プラスα新書）などの著書のある門倉真人氏は、「借金や病気などが自殺の理由として挙げられますが、実は借金や病気は自殺の根本的な原因にはなりえません。それらはあくまでも引き金であって、うつ状態という弾丸がなければ何も起こりません」と言っています。

ある労組で自殺者が出た原因を聞いたところ、「その人は、うつの状態で1年間休職し、精神的にも落ち着き、本人も医者も職場復帰が近いことを確認した矢先に自殺してしまいました。うつの状態のときは、自殺するだけの元気もなかったのですが、職場復帰できるだけの元気が出たことが、自殺へと背中を押したようです」とのことでした。

うつ病は、「心身のエネルギーが低下した状態」ということからも、うつの状態の時は、自殺するだけのエネルギーがないそうです。うつ状態から回復する段階で、エネルギーが高まっ

図3−2　自殺者数

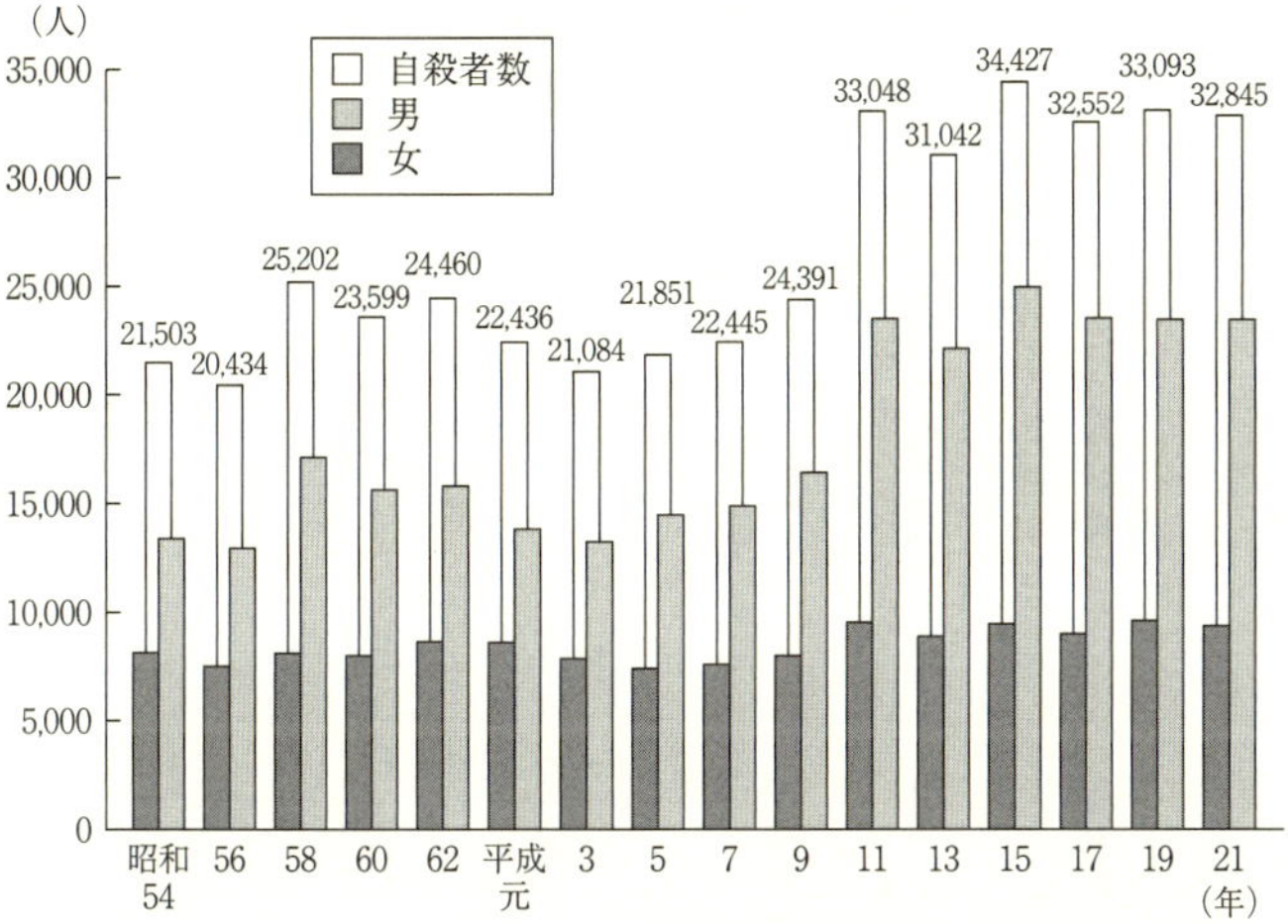

平成22年５月発表　警察庁統計資料

てくるときの行動に対して注意を払う必要があるのです。

また、曜日別に自殺者数をみると、月曜日が多くなっています。「今日からまた会社だ、本当にイヤになる。職場の人間関係や上司との関係が耐えられない」という気持ちが月曜日に高くなるのです。

「うつ」は本人にとって辛いものであることはもちろんですが、家族や職場のメンバーにも心理的にプレッシャーを与えることになります。ましてや、同僚が自殺をした職場のメンバーの精神的な落ち込みは極めて大きくなります。

「うつ」への対策は、症状が出た人に対する対処療法より、未然防止の取組みの方が重要です。不調な人を早期に発見する仕組みや、不調者を出さない組織風土の醸成、会社と労働組合の共同でのセミナーやアンケートの実施、とくに「うつ」に関しての管理職の理解と協力を徹底することは、パワー・ハラスメントの防止のためにも取り組んでもらいたい活動です。

労働組合としては、「うつ」になる人が出ないようにコミュニケーションを活発にする機会を増やしたり、同僚に対する思いやりを持った職場を作り出すことが重要になっているのです。

また、職場の環境が変ったことによる目に見えないストレスを感じる人も多くいます。転勤してきた人は、着任当初は不安定な状態に陥りやすいものです。その人たちに対するコミュニケーションの機会も確保したいものです。

職場復帰プログラムの導入

うつ病の症状がほとんどなくなった人でも、職場復帰は難しいものです。長期に休養していると、仕事に対する勘も戻らないし、職場に溶け込むための精神的なストレスもかなり高いものです。

とくに、うつ病の原因が職場の人間関係であった場合は、職場復帰の環境を整備する必要があります。自分が、以前と同じように仕事がこなせると判断していたのに、実際にはうまくいかないと、相当ショックを受けるものです。そのためうつ病を再発し、再度休職する人も少なくありません。

職場の上司や同僚も、うつ病で復帰してきた人に、以前と同じような仕事を任せてはいけません。たとえ本人が希望する場合でも、長時間かかるような仕事を依頼することは避け、定時での退社をルール化するなどの配慮が望まれます。

再発を防ぐには、復職前にリハビリ期間を設けたり、短時間勤務で会社の雰囲気に慣れてもらう等の制度の導入も検討しておくことです。職場復帰プログラムを自社で用意している企業はそれほど多くなく、高齢・障害者雇用支援機構が行う「リワーク支援」や、医療機関や支援団体が提供しているプログラムを利用しているケースが多いようです（『週刊東洋経済』2010年7月24日号）。

また、本人が職場復帰を希望する場合は、事前に産業医やカウンセラーの指導を仰ぎ、本人の納得を得た上での復帰が求められます。職場復帰を焦ることで、再発する危険性もありますので、慎重に対応する必要があります。

うつ状態であった人は、心のどこかに人に相手にされていないという感情を持っています。

本来は、職場のメンバーに自分の存在を認めてもらいたいのに、誰も話しかけてくれないし、見放されたように感じられるという感情がうつを再発させることもあります。

労働組合の役員は、できるだけ本人の気持ちを聞く機会を持つことが必要です。人間は、自分のことに関心を持ってもらいたいという潜在的な欲求があるので、とくに、うつ状態から職場復帰した人には、周囲が暖かく迎い入れる気持ちを行動で示すことが大切です。すなわち、コミュニケーション能力の中の「傾聴のスキル」を実践していくことです。

4　現場力が労働組合の存在を示す

セクショナリズムの弊害

以前、ある会社の労働組合より、組織活性化のコンサルティングの依頼を受けました。その会社は、6箇所のカンパニー制を採用し、それぞれが独立採算制をとり、大きなカンパニーは数千人規模、私が任されたカンパニーは600名強で最小のものでした。

そのカンパニーは、小型モーターの受注から設計、製造を行っており、2期連続の赤字で、今期が赤字であれば、事業場閉鎖も検討するという危機的な状況に陥っていました。小さいカンパニーながら営業、資材調達、設計、加工と他の事業場と同様な職場構成になっていました。当時、労働組合の職場代表が20数名おり、毎月2回、組合事務所で各職場代表により職場委員会が開催され、本部の決定事項の伝達や、各職場の現状報告等を中心に意見交換が行われていました。

初めて職場委員会に参加したとき、これではダメだと直感しました。出席者は自分の気の合ったメバーとしかコミュニケーションをとろうとせず、座る席も職場単位に落ち着いてしまって、完全なセクショナリズムに陥っていました。

セクショナリズムの打破からV字回復へ

そこで、私がまず行ったことは、まったく対話をしたことのない人たちによる「傾聴のワーク」でした。テーマは、「いままで一番感動したこと」を3分間交互に話し、傾聴するという、いつもコミュニケーションの研修で行っている内容でした。

人間はお互いの間の壁を取り除くことができると、信頼関係の醸成が可能になります。また、自分の感動を相手が真剣に聴いてくれているという体験は、「承認の欲求」を改めて実感できるものです。労働組合のコミュニケーションの中でも、横のコミュニケーションが、ともすると発生しがちなセクショナリズムを打破するきっかけになるものです。

今まで顔を合わす機会があってもほとんど口を利いたことのない他の職場のメンバーと、感動体験を話し合うことから互いの壁が崩れていくのです。今までコミュニケーションを取ったことのない仲間と、「傾聴のワーク」を始めることから、当カンパニーのコンサルティングはスタートしたのです。

その後、「当カンパニーの赤字をいかになくすか」という具体的なテーマに基づき、プロジェクトを立ち上げていきました。そのとき初めて、お互いの部署が抱えている悩みを話し合う機会ができ、他部署の問題解決に協力しようというムードが起きてきたのです。そして、各部門の問題点、とくに部門間のボトルネックの抽出と改善策、定期的な部門間ミーティングをもつことで、現場での具体的な改善策を考案していきました。

私も、工場の現場に入ることで、実際の仕事の中での問題を共有化し、解決策を協働で展開していきました。毎週、現場での職場ミーティングの実施や、働きやすい環境を再度みんなで考えてもらうことを繰り返すことにより、6ヶ月間で見事に黒字体質への転換を図ることができました。

本社としても、労働組合の活動が、まさかそれほどの短期間でV字回復を実現するなど期待していなかっただけに、成果の達成を喜ぶとともに事業場表彰も実施したほどです。

まさに労働組合の経営サポート機能の成果であるとともに、コミュニケーション機能の円滑な発揮が、労働組合のもつ現場力を顕在化させた例といえます。

第4章

労働組合の経営サポート機能

経営をサポートし、より良い会社を作り出す

〈ケーススタディ〉

◆脱春闘の取組み

E労組は、ベースアップ要求の実効が上がらないことに空しさを感じ、その代わりに「組合員の成長を支援する活動」に取り組んでいます。

その一環として、一時金要求の取組みの労使協議をやめる申入れも会社に行いましたが、会社からは「労働組合が労働条件交渉を通じて、組合員を巻き込む形で、労使協議会に持ってきてくれないと、どのような不平不満が現場に現れているか分からなくなり不安である」といわれたため、継続することにしたそうです。

これからの組合員は、自分の人生プランを考え、年金や雇用の問題を考える自立した人材が求められています。そこで、自らの付加価値を高め、会社に自分の存在を認めてもらうために、自己投資していくことのきっかけを組合が提供することにしました。

現在、E社では、組合員一人ひとりが自分の処遇を決める目標管理制度が導入されています。制度の正確な理解と公正な評価が受けられるように、組合員に対し「目標管理&コミュニケーション・セミナー」の開催を実施しています。同セミナーは、労使共催の形で実施し、開催時間も就業時間内の3時間に設定することで、組合員が参加しやすい体制となっています。

さらに組合員に対する「目標管理制度」研修の講師を、組合内で養成するためのセミナーも実施しています。その研修は、社内集団討議のスピーチ能力の習得もねらいとしています。

社内で「目標管理制度」の相互理解を推進することは、目標管理制度の真のねらいである「自立した自己」を見つけだす活動となり、労働組合の自立した個の育成にもつながっていくことになります。

労働組合にこれから期待される最大の機能は「経営サポート」です。これは、今後の労働組合がその存在意義を示す意味でも極めて重要な機能です。労働組合を支援する業務を行っている会社j・union の西尾社長は、「『人』『モノ』『金』『情報』の4つの経営資源に加えて『労働組合＝ユニオン』が、第5の経営資源」であると提唱しています。

労働組合を経営サポート機能として位置付けられた会社が、これからの混迷の時代を生き抜き、社会における存在価値を示すことができるのです。

1　労働組合の人材育成への取組み

リーダーの役割

労働組合の重要な「経営サポート機能」として、人材育成機能があげられます。その中でもとくに重要なのが「リーダーの育成」です。どの組織においても、環境変化に応じて人を動かすことができるマネジメント能力を持った人材の育成が求められています。

労働組合におけるマネジメント能力とは、「組合役員が自分の考えを組合員に明確に示し、それに向けて組合員をまとめ動かしていく」ことです。そのために求められるスキルは、自分が任されている組織（支部や職場）の活動計画を考案していくことができるかどうかです。

支部における活動計画は、本部で作成する「基本方針」に沿って作り上げます。支部としては、本部の「基本方針」に沿って個別の問題を検討し、何に重点をおいて活動していくかを決定していくことになります。

その際、各支部において、基本的な作成方法を統一しておく必要があります。第5章の「バランス・スコアカード」の活用ができれば、それに越したことはありません。しかし、労働組合へのバランス・スコアカードの導入には、時間がかかります。

ここでは、簡易的な活動計画を作成する方法を提案します。

① SWOT分析といわれるもので、自分の組織（支部や職場）を取り巻いている外部環境（労働組合を取り巻いている社会情勢、競争環境）と、自分の組織の内部環境（組合員の意識、会社内部の状況、自分の属している組織の問題等組織の内部の問題）を10ずつ書き上げます（図4－1参照）。

② 書き出した外部環境を、機会（組織にとり有利なもの）と脅威（組織にとり不利なもの）に分けます。

③ 同様に内部環境を、強み（自組織の長所）と弱み（自組織の弱点）に分けます。

④ 4つに区分した環境の中から、自組織の取り組むべき行動計画を考案し、「個人見解報告シート」（図4－2参照）にまとめます。

⑤ それを他のメンバーとすり合わせると、自分の行動計画をより効果的なものにすることができます。

図4－1　SWOT分析シート

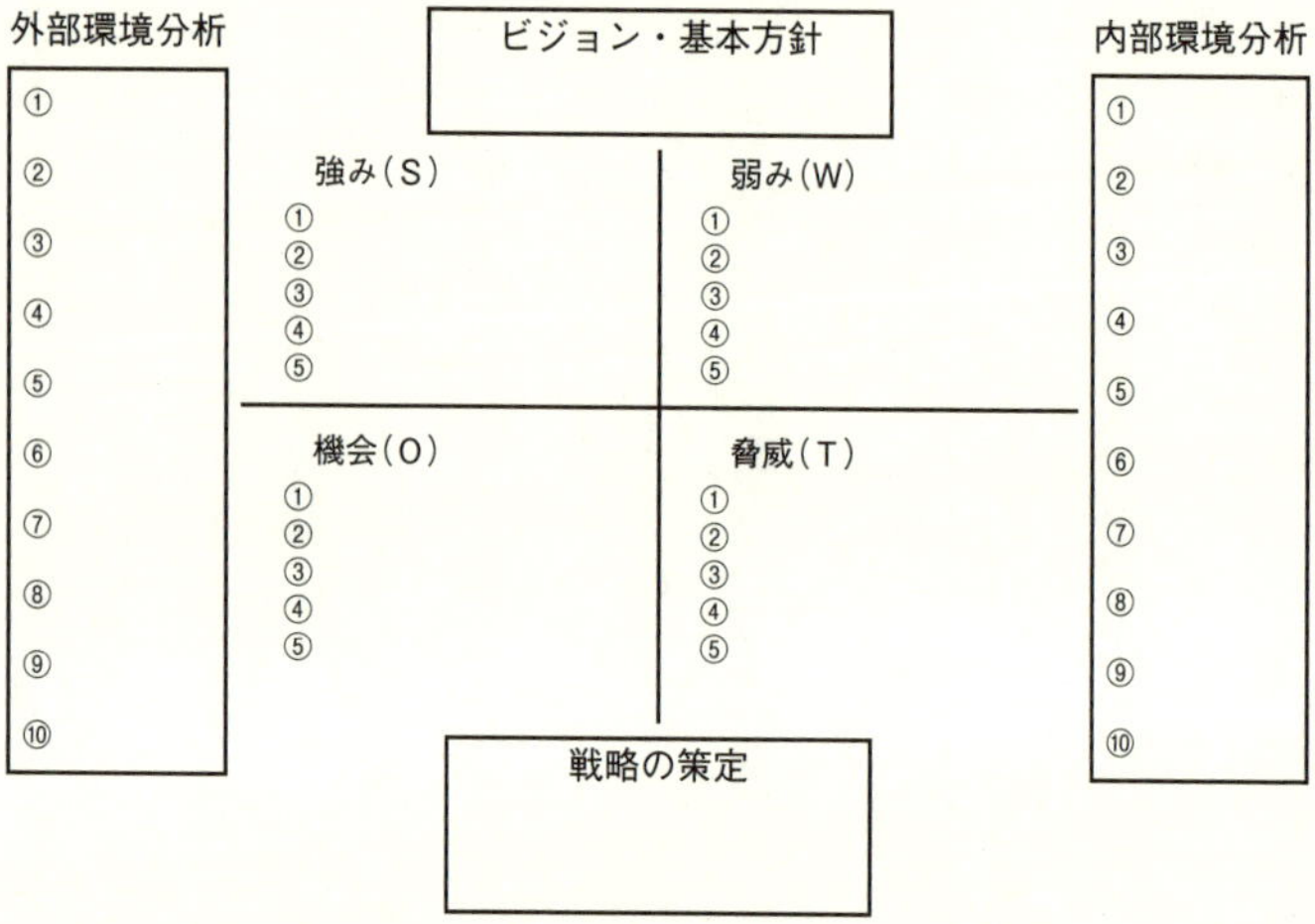

図4－2　個人見解報告シート

SWOT分析の総括

個人見解「組合員満足獲得のための施策」

施　策（何を）	具体的内容(いつまでに・どのように・期待される成果)

グループ見解「組合員満足獲得のための施策」

施　策（何を）	具体的内容(いつまでに・どのように・期待される成果)

この手法は、仕事の局面においても十分活用することができます。マネジメント層がこのやり方を身につけ、自分の組織の年間目標作成に活用することができるようになると、説得力のある計画ができ上がるはずです。

リーダーズ・インテグレーション

職制では、新しい組織のリーダーとしての役割を任された人に、早期にメンバーとの信頼関係を作り上げるときに活用される手法に「リーダーズ・インテグレーション」があります。基本的な考え方は、良い人間関係をつくるためのコミュニケーション分析モデルである「ジョハリの窓」に基づいています。

お互いがよく知らない関係の場合は、スムーズなコミュニケーションが取りにくいものです。短時間でお互いの「未知」の部分を少なくすることで、コミュニケーションを取りやすい状態にするワークが「リーダーズ・インテグレーション」です。

たとえば、上司が、新しい組織を担うにあたって「自己目標」をメンバーに開示し、それに基づいてメンバーが「上司に対する希望や自分たちの考え」を発表する場を持ったとします。

メンバーは、上司について「知っていること」「知りたいこと」「知っておいて欲しいこと」

「上司に協力できること」などを明示して、上司の「未知」の部分を少なくすることで、相互の信頼関係を作り上げていきます。

これにより、会議の席での意見交換などに比べ短時間で、上司・部下の間に、極めて有効な人間関係を作ることができます。

労働組合においても同じ手法が活用できます。労働組合でのリーダーズ・インテグレーションは、本部役員と支部の若手の職場委員などで実施すると効果的です。

通常、リーダーズ・インテグレーションは、リーダーについて部下が次頁の質問をし、リーダーがそれに適切に回答することにより、相互がより深く理解し、信頼関係を醸成する方法として活用されています。

労働組合においては、お互いに「作成した目標」の開示と質問を通じ「リーダーズ・インテグレーション」のポイントを習得していきます。ここでは、執行委員（リーダー）と職場委員（メンバー）で実施する場合についての進め方を見ていきます。

リーダーズ・インテグレーションの進め方

目安時間

1　チーム全員が集まる

ファシリテータ（進行役）のリードで、リーダー（執行委員）が自己紹介し、自分の抱負、今年度の組合目標などを語る。	15分

リーダーのみ退場

2　ファシリテータは、以下の質問をしていく

リーダーについて知っていることを挙げる	20分
リーダーについて知りたいことを挙げる	20分
リーダーに知って欲しいことを挙げる	20分
今年度の目標を達成するために、メンバー（職場委員）にできることを挙げる	30分

メンバー退室、入れ替わってリーダーが入室

3

ファシリテータが議論の内容をリーダーに説明 リーダーは、それぞれの質問に対するコメントを考える	20分

全員入室

4

リーダーが壁に貼られている質問やコメントに答えていく	60分

グループ討議・懇親会

労働組合におけるメンター制度の検討

最近、会社のなかには、社会人としての基本が身についていない新入社員に対して、先輩社員が会社のルールや職場のルールを指導する「メンター制度」を導入するところも出てきています。

労働組合においても、経験の豊富な組合役員が、経験の浅い組合役員をサポートし、労働組合としての人材育成を目的として、アドバイスやサポートを行う制度の導入を検討したらどうでしょう。

とくに組合役員の中でも、職場委員は、入社間もない若い社員が任命されることがほとんどです。しかも、1年とか2年などの短期間任されるケースが多く見られます。しかし1～2年では、労働組合活動に主体的に取り組み、組合員の支持を得ることは期待できません。限られた時間の中で、職制の仕事に加え労働組合の仕事をこなすことも負担になります。

組合の仕事としては、本部の指示の職場への伝達、職場委員会の開催、職場の苦情の収集等があげられますが、これらの仕事をすべてこなすことは簡単ではありません。消化不良の状態が続くことで、モチベーションの低下を招いてしまうこともあります。

そのような体験は、労働組合に対するマイナスのイメージを強める効果しかもたらしません。1～2年の短期間の組合役員の経験だけでは、その経験を会社の中で十分生かすことを期待することはできません。労働組合の役員を経験することが、将来の会社の中枢となる人材を育成する機能につながってこそ、労働組合の「人材育成機能」の持つ意味が高くなっていくのです。

そのためにも、組合役員経験の豊富なメンター（良き助言者、指導者）を育成し、人材育成機能を身に付けてもらうことは重要な活動になります。

昨今の職務において、上司は成果主義の導入で負荷が大きくなり、部下の育成に時間が取れない現実を考えると、労働組合において人材育成を本格的にサポートすることの重要性は、高くなっていくものと思われます。

しかし、人材育成は短期間でできるものではありませんし、会社を担うべき人材育成を、組合が担うことの是非は、意見が分かれることが予想されます。メンター制度の導入以外の人材育成制度も、あわせて十分検討することを希望します。

他労組との異業種交流会

多くの労働組合は、「わが労組の中だけで当面の問題を処理すればそれでよい」というわけにはいかなくなってきています。また、今までの主たる労働組合の活動であった「賃上げ交渉」が成果を上げることができない状態が起きています。

組合員の労働組合に対する関心も「賃上げ交渉」の成果が上がらない以上は、低下していくことも当然の結果なのかもしれません。

ワーク・ライフ・バランスに対する要請が強まってくる中、いかにして組合員の労働時間を適正に保ち、有給休暇の取得日数を増加させることができるのかというような問題は、単組だけで解決できるものではありません。多くの労働組合で、意見の交換をすることがふさわしいテーマではないでしょうか。

同一の職種のグループ労連だけでなく、全く業種の違う労働組合との交流会も積極的に持つことも必要になっています。その異業種交流会へは、執行部の役員だけでなく、できるだけ若手の役員を出席させることです。若手同士の交流を深め、お互いの問題を話し合う機会を持つことができることは、「人材育成機能」の一つの形です。

異業種交流会は、結論を出す会議ではありません。前述の「ワールド・カフェ」を使い、自由に意見交換をしてみることも一考に価すると思います。

2　労働組合の経営チェック&サポート機能

ヤマト運輸のケース

ヤマト運輸の元社長であった小倉昌男氏は、その著書である『経営学』の中で、

「私は労働組合がないと経営が成り立たないとすら思っている。なぜかというと、会社を経営していて、方針を示し、具体的に目標を設定しても、それが会社の組織の末端まで伝わ

っているかどうか、心許ない思いをしているのが実際なのである。（中略）しじゅう酒を飲んでいれば胃潰瘍の恐れがある。深酒をした翌日、胃がシクシク痛めば、今日は酒を控えて節制しようと思う。もしいくら酒を飲んでも胃が痛まなかったら、節制することを忘れ、本当に胃潰瘍になるかもしれない。だから、胃の調子の悪いときにシクシクと痛むことは、本人にとって幸せなことなのだ。

会社の経営においても、具合の悪いところがあったらシクシク痛むことが、健全な経営を続けるために必要である。そのシクシクと痛みを伝えるのが、労働組合の役目だと思う。」と述べて、経営にとって労働組合の存在が必要なことを指摘しています。

経営にとって労働組合は、チェック機能として重要な役割を果たしているのです。通常、労働組合のチェック機能は、労使交渉や経営諮問員会という公式な場において、労働組合から経営に関する質問を投げかける形式で行われることが一般的です。

経営はどの方向に向かって進んでいくのか、経営者はどのような方針で会社運営に臨むのか、社員の労働環境や待遇面での考え方は……などです。労働組合が経営に関して共有化したい問題は、昨今の激しい環境変化の中にあって増加傾向にあることは間違いありません。

組合員を精神面で支える

ある組合役員と、これからの労働組合のあり方について意見交換をした際、彼は「労働組合は、会社のサポート機能であるだけではだめで、経営が経済面を指向するのに対し、労働組合は精神面で支える存在でなければならない」と言いました。つまり「労働組合は、経営をサポートするという役割以上に、車の両輪の片方を担っているという意識を明確に持つ必要がある」ということです。労働組合は会社の施策について、全て容認し、それをサポートするだけの存在であってはいけないということなのです。

会社は、ますます高い成果（パフォーマンス）を社員に求めてきています。それがメンタルヘルスの面などで問題を生じてきていることは、前述の通りです。労働組合は、会社と同じ「より良い会社」を目指すというベクトルは持っているものの、経済的な面を指向する会社とは異なる、人間的な面での支えをより鮮明に出していく必要があるということなのです。

会社とは違う角度から組合員を支える存在でなければ、経営サポートとして十分な機能を果たしているとはいえません。最終的には、労使関係は友好的なものでなければならないものの、経営の施策で到底受け入れることができないようなものがある場合は、毅然とした態度が求められるはずです。

労働組合は、経営サポート機能と経営チェック機能を兼ね備えているという意識を、常に持っていなければならないのです。

パイを増やす活動

労働組合の経営サポート機能として、これから考えなくてはいけないのが「パイを増やす活動」です。従来、労働組合は、春闘の賃上げ交渉により、パイの分け前を要求することが最大の役割でした。しかし、企業はベースアップの要求を充たすだけのパイを用意できなくなっています。

これから労働組合は、ますます経営をサポートする機能を強化することが予想されていますが、組合員の労働組合に対する期待が賃上げであることも事実です。どの労働組合にとっても、思うように賃金が上がらない現状をどうするかを考えなければならなくなっています。

労働組合が経営に協力し、売上拡大・利益拡大に取り組むこと、労働組合が経営に協力する活動を展開することの是非を検討してみてください。

組合員の中には、「経営をサポートすることは、労働組合の役割ではない」「仕事は職制を通じ行うべきである」という考えを持っている人も相当います。労働組合の経営サポート機能の必要性や、その展開方法については時間をかけて話し合うことが必要です。

労働組合は、すぐに結果を出すことを求められていません。まず、執行部内での意見交換、対話を繰り返すことが必要です。実際に実施している事例をみても、時間をかけ、組合員個人個人の「内発的動機づけ」を起こす機会を作りながら進めています。

「労働組合として自分たちに何ができるのか？」

「経営との協働関係をどう作るのか？」

などを話し合うことから始めてください。

また、経営との話合いも重要です。経営側としても、労働組合が経営をサポートする活動を行うことに対しては、拒否反応を示すことも珍しくありません。

労働組合は、組合員の労働条件向上や職場改善活動などに限定して取り組むべきであるという考えも根強く残っています。ここでも、労使の時間をかけた話合いが求められます。

しかし、労働組合の現場からの商品開発という例もあります。労働組合が、組合員の自主的な活動をサポートしながら、経営に対し貢献できる活動を考え出すことは意義あることです。

「自分たちの力でできる経営サポート機能、パイの拡大は何か」から考えてみてください。

3　目標管理制度の定着に向けたサポート

次に、労働組合の経営サポート機能として、目標管理制度の効果的な運用について考えてみます。

目標管理制度のねらい

成果主義に基づく人事考課制度が、多くの企業で採用されています。成果主義人事制度のツールとして導入されるのが「目標管理制度」です。この制度は、年功序列制度の弊害が問題視されてきた90年代、大企業を中心に次々に導入されていきました。

その背景には、「バブルの崩壊にともなう経営状況の悪化」「グローバルな競争激化に伴う生産性向上の必要性」「人件費の抑制」等があげられています。とくに1990年半ば以降のアメリカにおける企業業績の好調の要因は成果主義にあるとの判断から、多くの企業が次々に成果主義型の人事制度と、ツールとしての「目標管理制度」の導入に踏み切りました。

労働組合も、制度の導入に関しては異論を唱えることは少なく、時代の要請として受け止めざるを得ませんでした。しかし、成果主義に伴う心理的圧力や上司の運用面におけるマネジメント力不足に関しては、それほど考慮されていなかったものと思われます。

導入された当初より、「安易な目標の設定」「上司と部下のコミュニケーション不足」「公正性を欠いた人事考課」など多くの問題が指摘されてきています。

そもそも「目標管理制度」は、世界的な経営学者であるP・F・ドラッカーがその著書『現代の経営』（ダイヤモンド社）の中で1954年に提唱したことから始まっています。

「今日企業が必要としているのは、個々の人の力と責任に広い領域を与えると同時に、彼らの志や努力に共通の方向を与え、チームワークを打ちたて、個人目標と共同の善とを調和せしめるような『経営原理』である。これらのことをよく成し遂げられるのは目標設定と自己統制による経営しかない」

多くの企業において目標管理制度を導入する目的として、50年以上も前にドラッカーが提唱した概念は、今もなおいささかも輝きを失ってはいません。しかし、多くの企業において、目標管理制度の形骸化と運用における問題点が指摘されています。

目標管理制度の問題点

「目標管理制度」の導入においては建前としては、個人個人が自分の職務において、通常業務をこなすだけでなく、自己の能力の向上を図るようなチャレンジ性の高い業務に、自ら挑戦してもらいたいという考え方があります。

個人の職務遂行能力向上により、組織としての目標の達成を目指すという主旨で導入されるのが一般的です。しかし、導入時期からして、総人件費を正当な理由のもとに抑制しようという本音も垣間見られていました。

目標管理制度は、年度の初めに、個人が職務に関する自己目標を設定し、上司との面談により合意形成した後は、各自が自己管理により目標達成に当たるというものです。その後も、上司と部下の活発なコミュニケーションにより、成果の達成に向けての活動を実施していくものです。

コミュニケーションが本来の機能を達するためには、上司と部下の間の「信頼関係」構築が不可欠です。「信頼関係」構築は、簡単にできる場合とそうでない場合があります。波長が合うとか合わないとか、考え方の違いなどから、スムーズなコミュニケーションがとりにくい関係もできてしまいます。上司のリーダーシップの欠如や、部下の歩み寄りが不足しているから、という単純な理由だけではありません。

目標管理制度に基づく成果は、成果主義型人事制度においては、人事考課に反映されることになります。そのために、ともすると安易に達成しやすい目標を設定する傾向が強くなるという問題点も指摘されています。

また、個人個人の目標は達成されたものの、チーム全体としての目標は達成されないという問題も指摘されることがあります。それが、ギスギスした職場を生む原因ともなっているといわれています。

しかし、今のところ、「目標管理制度」に替わる効果的な人事制度がないという現状において、「目標管理制度」はさまざまな問題を抱えながらも、何とかいい形で運用されていかなければなりません。

そのような状況にあるだけに、労働組合が組合員に対し、「目標管理制度の理解」と「効果的な目標の設定方法」、またとくに重要である「上司との面接のやり方」等を啓蒙する必要性が高まっています。

個人が自分の処遇や賃金を決定する成果主義の時代、その制度の不満を言ったところで自分の処遇が改善されることは望めません。ここでは、労働組合として、どのように目標管理制度を自分たちにとり優位に進めていくかについて説明を加えていきます。

目標設定方法

①上司目標の把握・理解

目標管理制度の効果的運用には、なんといっても達成成果が自分で納得でき、やりがいを感じられるものでなければなりません。上司から押し付けられた目標や、自分の弱みを改善する目標では、取り組みたいという気持ちが本来起こらないため、目標としてはふさわしくありません。

しかし、部下である組合員は、上司の目標と同じ方向を目指すことが求められ、ベクトルのすり合わせを実施しておくことが必要です。そのためには、上司とのコミュニケーションにより、上司が今期設定している目標と達成方法を確認することになります。

上司の今期の基本的方針を把握できない状態では、部下の目標が上司の目標と乖離してしまうこともありえます。上司の目標の一部を自分が担い、達成に向けて取り組むという姿勢を示すことは、上司にとってもうれしいものです。

目標管理制度の基本は、目標連鎖の法則です。目標は、本来、会社全体としての経営方針・

経営戦略を部門目標に反映させ、それに基づき個人目標を設定するという流れをたどります。そのためにも、組合員が自分の部門の目標を理解しておくことが、目標設定には求められます。

しかし、ともすると上司は、自分の目標を部下に開示することを忌避する傾向があります。そのため部下は、上司の考えを理解する機会を与えられないまま、目標設定用紙に記入するという結果を招いてしまいます。

労働組合としては、会社に対し、上司が部門の目標を明示することを要求することは、目標管理の円滑な運用にとって、不可欠な要素であることを訴えていかなければなりません。

後述する「目標管理制度のアンケート」の中にも、「上司は自己の目標をメンバーに明示していますか」の項目は必ず入れておいてもらいたいものです。

②業務の棚卸し

次に行っていただきたいのが「業務の棚卸し」です。これは図4－3に基づき、自分が1年間に取り組んでいる職務を、細かいものも含め書き出してみるものです。自分の担当業務の質と量を再確認することは非常に重要な作業です。

図4−3　業務の棚卸し

個　人（タスク）	グループ（アポイントメント）
〈定型業務〉	
〈課題業務〉	
〈チャレンジ業務〉	

仕事は、大きく自分ひとりで行う仕事であるタスクと、他の人と協働で取り組むアポイントメントに分けられます。

その次にＳＷＯＴ分析を実施し、自分の強みをさらに活かす仕事がないかを考えることになります。目標管理は、日常業務の延長ではなく、自己職務遂行能力を向上させることを狙いとしています。自分が取り組んでいてやりがいを感じ、上司もそれを支持してくれる内容であることが望まれます。そのためにも、自分の業務を棚卸しした後に、前に説明した図４−１によるＳＷＯＴ分析を活用してみることをお勧めします。

Ｓ＝Ｓｔｒｅｎｇｔｈ（強み）

Ｗ＝Ｗｅａｋｎｅｓｓ（弱み）

O＝Opportunity（機会）

T＝Threat（脅威）

自分の弱みに焦点を当て、その領域で目標を設定しても、自分が取り組みたくないという意識は簡単には変えられません。自分を取り巻く環境で、「機会」として考えられるものに「強み」が活用できないかを考えてください。強みはまだまだ伸ばすことができると考え、強みで弱みを払拭するのだという意思をもって目標を検討してみましょう。

③メンバー間の情報交換

目標管理制度は、自分の目標を上司との間で共有し、その成果を確認し人事考課に反映させることがねらいとされています。ともすると、個人個人の目標がチームメンバーの目標と乖離してしまい、チーム全体としての目標の相乗効果が期待しにくくなるケースがあります。

そのような事態を招かないためにも、上司も交えチームメンバーによる情報交換の場づくりが必要になります。目標管理制度は、個人の目標の達成もさることながら、チームとして部門目標を達成することも求められるということを再認識しておく必要があります。

お互いに他のメンバーの目標を確認しあうことにより、自己目標の見直しや他メンバーに対する効果的な支援も実施しやすくなります。

目標面接への臨み方

①上司との日頃のコミュニケーションの重要性

目標管理制度は、上司と部下の目標を介しての労使交渉の場ともいわれることがあります。年度の初めに、個人が職務に関する自己目標を設定し、上司との面談により合意形成した後は、各自が自己管理により目標達成に当たることが特徴です。その後も、上司と部下の活発なコミュニケーションにより、成果の達成に向けての進捗状況をチェックしていくことが求められます。

コミュニケーションが本来の機能を果たすためには、上司と部下との間の「信頼関係」構築が不可欠です。「信頼関係」構築は、簡単にできる場合とそうでない場合があります。

目標管理がうまく運用できない原因の一つは、上司と部下の信頼関係の欠如が根底にあるからです。いくら表面的にコミュニケーション技術で取り繕っても、部下が上司を信頼していなければ、目標管理が求める本来の成果は期待しようもありません。

部下は、上司を嫌う傾向が強いともいわれていますが、自分が相手を嫌う行為は相手からも嫌われる傾向が強くなります。また、上司に一度嫌われてしまうと、固定概念として潜在意識に刻み込まれてしまい、公平な人事考課が得られないという結果にもつながりかねません。

そのためにも、上司のよいところを見つけ、それを承認する努力を心がけることが必要です。日頃から、自分から上司とコミュニケーションをとる習慣を実践していくことが求められます。「報（報告）・連（連絡）・相（相談）」を行うことを習慣化することもよい方法です。

②面接の事前対策

目標管理制度は、上司と部下の面接により運用されることが基本となります。とくに、目標設定の段階での面接が重要なのは、その面接により共有化された目標が通常1年間の自己目標となるからです。

日頃は、円滑なコミュニケーションが取れている上司と部下の関係においても、いざ1対1の面接となると、思っていることの半分も言えなかったという結果になってしまうケースも見受けられます。

通常、目標面接において上司は、「なぜ今回この目標を設定したか」を聞いてくるものです。その際、明確に伝えられるかどうかが重要なポイントになります。

事前の対策として、目標管理シートの作成にいたる背景としての「上司の目標」や「チーム全体としての取組み」「自分の能力向上に対する取組み姿勢」を自分なりにまとめておくと効果的です。とくに、自分の目標が上司の目標の一定部分の位置づけにあることを明示できることが望まれます。

労働組合の目標管理制度に果たす役割

①経営サポート機能

目標管理制度は、ともすると上司のマネジメント能力の優劣にその効果の有無を帰結させてしまう傾向があります。確かに、上司がこの制度を効果的に活用し、部下の育成に役立てていこうとする姿勢が重要であることはいうまでもありません。

しかし、労働組合として制度の運営は会社の責任であり、自分たちの取組みではないという姿勢があるようであれば問題です。この制度は、上司と部下の共同作業により推進させるべきものですが、従来の賃上げ交渉が成果主義の時代に形を替えているという側面を認識すべきです。

従来、労働条件、とくに賃金交渉が労働組合の最大の活動テーマであったことを思い出してください。現在の企業においては、上司の部下個人個人に対しての評価が賃金や賞与を決定しますので、そのツールとしての目標管理制度は非常に重要になっています。そのためにも、労働組合は組合員に対して目標管理制度の理解を促し、その効果的運用に役立つ研修会を実施してください。

「目標の効果的な設定方法」や「模擬目標面接の実施」などは、労働組合の経営サポート機能の一つなのです。

②経営のチェック機能

目標管理制度が本来の趣旨に沿って、円滑に運用され社員満足の達成が図られているかどうかは、経営にとっても関心が高いはずです。その際にぜひ取り入れてもらいたいのが、労働組合による「目標管理アンケート」の実施です。目標管理制度の導入部署ごとに、目標管理制度の運用状況をチェックします。とくに、目標面接は社員にとり一番重要な上司との労使交渉の場でもありますから、アンケートでは細部の項目を用意し実施することが必要です。

その結果、明確になった問題の部署や問題のある上司に関しては、経営に対し改善を促すことも労働組合の役割です。

最近は、上司のマネジメント力や人間関係力を、上司や部下、同僚、仕事で関係のある他部署の人などによる360度評価により実施している企業も現れていますが、その運用に比べ取り組みやすい組合員アンケートでも十分に効果が上がります。

目標管理制度を、経営と労働組合が協働で満足できる制度にすることができれば、企業の本来のねらいである部下の能力向上と企業業績の向上を達成することも可能になります。

第5章

組合品質向上への取組み

労働組合でのバランス・スコアカード導入法

〈ケーススタディ〉

◆人を育てる人を作る

C社の労働組合は、成果主義偏重により生じる「情報の遮断」「信頼の欠如」「閉塞感の漂う風土」のため、相手の立場や状況を踏まえて行動することが薄れてきていることに危機感を感じていました。そのような状態を改革し、人間としての魅力を持った次世代の会社の中枢を担う人材を育てるねらいから、10年間の長期にわたる選抜研修を企画し、実施しました。

本研修は、「真に自立を模索する組合員個人への支援」を目的に、自己を知り、倫理を知ることから、人を育てるリーダーシップを持った人間を養成することをねらいとしたものです。労働組合が主催し、本当に参加したいという強い意志をもつ40名の人を選抜し、2泊3日を2回、1泊2日を1回という日程で実施しました。

多くの労働組合では「コーチング」や「論理的思考」等スキルアップの研修に取り組んでいますが、C社労働組合のように「自己を知り、組織を知る」「倫理とは?」「人生のあり方」など、普段あまり考えることのないような課題に取り組むことはほとんどありません。

通常、会社が人材育成のための選抜研修を実施することは見かけられます。その目的は、従業員のキャリアアップや、将来会社に対して貢献できるスキルを身につけてもらうことにあります。しかし実際には、お金と時間をかけて人材育成に取り組むことを避ける傾向にあります。企業は目先のはっきりとした目標でないと、経営陣の納得も得られないため取り組もうとはしません。まして「人格とか人柄」などといったテーマでは、経営陣の理解を得ることはできません。

しかし、C社労組は「企業は長期雇用を前提とし、人が人を育てて、共に育ちながら、成長していくという基本的な土壌がなければ、持続しうる存在にはならない」との意志のもと「人材育成」に取り組んでいるのです。

1　労働組合のバランス・スコアカード活用

毎年、労働組合では運動方針を策定し、1年間に取り組む基本的な活動を組合員に示し、活動を進めます。運動方針は、日本経済の状況や、会社のおかれた状態、労働組合を取り巻く環境の分析から始まり、組合員にとって重要な労働条件、とくに賃金交渉の取組みなどが示されています。組合執行部が、自労組の環境を分析し慎重に検討を重ね、時間をかけて策定します。

労働組合は、営利を目的とする団体ではないため、組合活動の方向が、一般組合員にしてみればはっきりと理解できないこともあります。そうならないために、運動方針に示された内容が、中長期的視点からどこに向かうのか、労働組合が組合員のために果たす役割は何なのかを明確にしておくことが求められます。

その際に求められるものが、労働組合の基本理念・ビジョンです。中長期の自労組のビジョンを作成し、それに沿って毎年の運動を明確にすることが、組合活動の基本軸になります。

そのビジョン作成や、運動方針作成に活用するツールとして提案したいのが、バランス・スコアカードです。

バランス・スコアカードとは

通常、バランス・スコアカードは、企業経営や行政などを戦略志向にかえるマネジメント・システムであり、経営のナビゲーターの役割を果たすツールです。

企業や行政がいくら素晴らしい戦略を策定しても、それを実際に展開していくことはかなり難しいものです。一般的に「戦略の失敗は、策定ではなくて実施段階のほうが大きい」と言われています。

決定した戦略が、組織内に説明する段階でうまく伝わらなかったり、戦略を実行する段階で効果的なフォローがされなかったりすることがよくあります。

そのとき、バランス・スコアカードに基づいて戦略やアクション・プランが作成されていると、戦略を確実に実行しやすくなります。

バランス・スコアカードの日本における第一人者である横浜国立大学教授の吉川武男教授によると「バランス・スコアカードは、企業や行政や病院などの将来をしっかり見据えて、ビジョンと戦略を明確に掲げ、掲げたビジョンと戦略を絵に描いた餅にしないよう組織の末端まで浸透させ、企業や行政や病院などのトップから従業員や社員・職員の一人ひとりに至るまで、組織全員のチームワークと結束力を強化し、自分たちの夢であり目標であるビジョンの実現に向けて、果敢に挑戦させる」と説明しています。

バランス・スコアカードは同教授によると「目先のことだけでなく、将来も見据え、財務的なことだけでなく、顧客や人材、プロセスといった企業活動に必須な視点をも重視し、経営していくウマイしかけ」であるといっています。

バランス・スコアカードの基本形

典型的なバランス・スコアカードは、以下の4つの視点を持っています。それぞれの視点は、互いに連鎖し、またバランス（トレード・オフの関係）しています。（図5－1）

通常、企業の経営において活用されるバランス・スコアカードは、

① 財務の視点
② お客様の視点
③ 業務プロセスの視点
④ 人材と変革の視点

図5－1　バランス・スコアカードの4つの視点

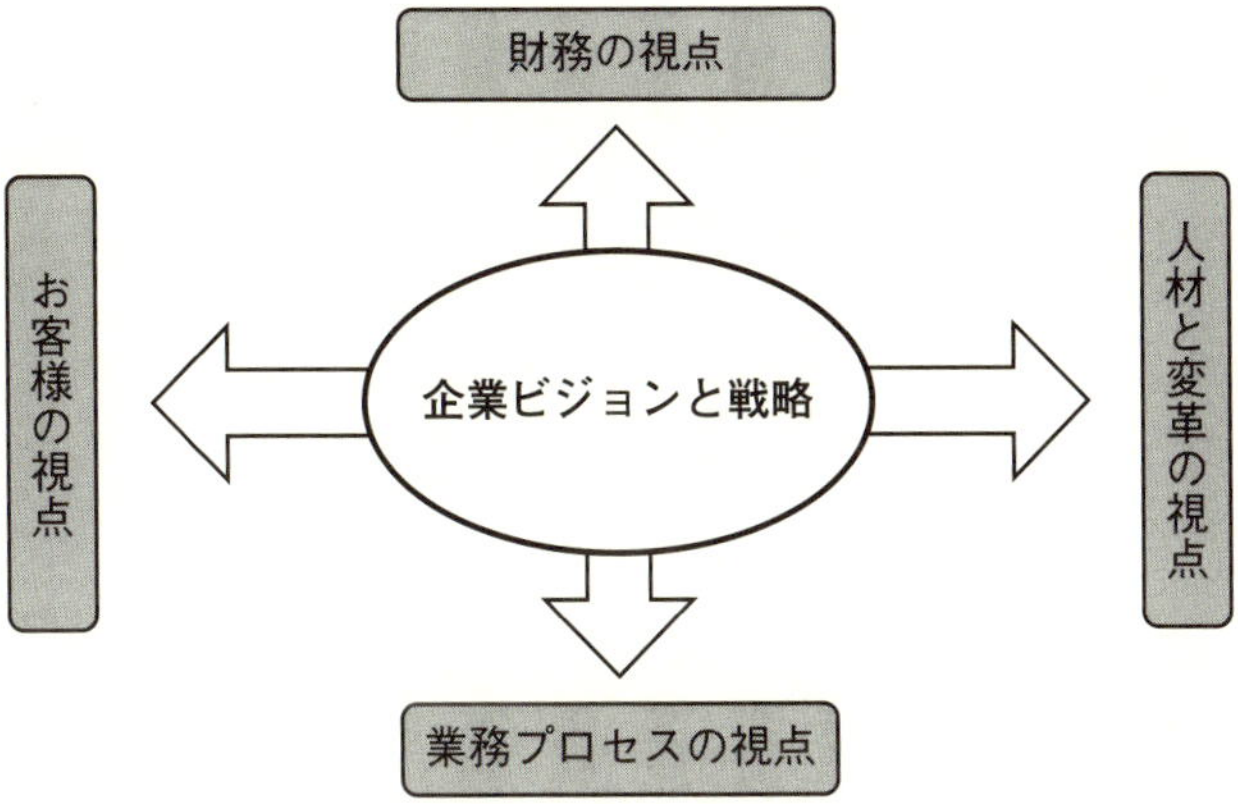

で構成されています。

それぞれの視点は、「○○したら、○○になる」という因果関係でつながっています。たとえば、利益率をアップさせる（財務の視点）ためには、お客さまを満足させ、継続的な支持を得なければなりません（お客さまの視点）。そのためには、営業、生産、苦情対応など業務のプロセスを常に改善する必要があり、品質の高い製品やサービスを提供する必要があります（業務プロセスの視点）。そして、そのためには社員のスキル、モチベーションなどを高める人材育成の仕組みや人事制度が必要です（人材と変革の視点）。こうした戦略のつながりを意識できるのが特徴です。

また、バランス（トレード・オフ）の意味

は、4つの視点はいくつかの視点軸で相対する関係にあります。財務と非財務、内部と外部、過去と現在・未来、などです。

連鎖とバランス、この2つがバランス・スコアカードの特徴です。

バランス・スコアカードは戦略と日々の業務を結びつける

バランス・スコアカードは、戦略を具体的な目標に落とし込み、日々の業務と結びつけるという役割も持っています。

経営においては「戦略」と「日々の業務」の間が、なかなか直線的に結びつかないものです。しかし、ビジョンや戦略を策定したら、それを日々の業務に結びつくような目標にまで落とし、効果の検証まで実施されなければなりません。

4つの視点のそれぞれに戦略的目標と目標値を定めた後、戦略実施を公正に評価するための達成水準もあらかじめ決めておきます。

バランス・スコアカードは、戦略と日々の業務を結びつけ、業績評価（過去の結果）ではなく、戦略推進評価（未来への取組みも評価）を行う点が、大きな特徴といえます。そのために、スタートの時点で、具体的な目標とその達成水準を決めておくことが大切なのです。

経営においては、「経営者がコントロールしたい重要なことが全て網羅されているという構造的な要素」と、「戦略を日常業務に結びつけ常にそれを追いかけるという継続的活動を促すコンセプト」がバランス・スコアカードのエッセンスといえます。

バランス・スコアカードは、経営層から一般従業員に至るまで、その意義を理解しておかなければ本来の成果は期待できません。とくに、目標管理制度の説明でも触れたように、部下を指導し成果をあげる立場にいる管理職の理解が一番重要です。上司自ら、自分の「バランス・スコアカード」をまず作成し、部下と共有化する行動をとらない限り、実効のあがる制度にはなりません。

2　労働組合へのバランス・スコアカード導入法

労働組合の４つの視点

私は、経営におけるマネジメント・システムとして効果的手法であるバランス・スコアカードを、労働組合に取り入れる方法を提案します。

基本的な、進め方は、経営における流れと同様に、労働組合のビジョン・組合基本方針を明確にし、戦略目標を戦略マップにより連携させながら、個々の視点における目標（重要成功要因）を設定します。そして、それぞれの要因ごとに業績評価指標を設定し、ＰＤＣＡのサイクルを回すことにより、労働組合活動の進捗を管理していくというものです。

しかし労働組合は、企業とは違い「財務の視点」としての「売上」や「利益」を持っていません。したがって、「財務の視点」は効果的に機能しないことになります。ここでは、「財務の視点」に替えて「組合品質の視点」を設けました。

また、「お客さまの視点」を「組合員の視点」とし、「業務プロセスの視点」を「組合活動プロセスの視点」、「人材と変革の視点」を「組合役員の成長の視点」としてあります。

本書での視点は、あくまでも私の考えで設定していますので、労働組合における視点は、各労働組合の活動に合わせて自由に設定して運用してみてください。

４つの視点に区分することで、組合活動のつながりが分かりやすくなります。

労働組合における４つの視点

①　組合品質の視点

② 組合員の視点
③ 組合活動プロセスの視点
④ 組合役員の成長の視点

ここで、提案する4つの視点について説明を加えておきます。

①組合品質の視点

労働組合は、組合員の評価はもちろんのこと、経営をサポートし企業活動を円滑に推進する役割も担っています。また最近は、労働組合のUSR（労働組合の社会活動）や環境問題に対する取組みも注目されてきています。独自に、そのような視点を加えることも可能です。

そのような労働組合に期待されている活動の質の向上が、「組合品質の視点」と考えています。組合員の期待に応えられることが最重要の課題ではあるものの、それ以外の活動を以下に続く視点で確実に実施できることが求められているからです。

②組合員の視点

労働組合の活動の中心は、組合員満足の向上にあります。通常、組合員は労働組合を意識して仕事をしているわけではありません。職場で問題が発生したときや、賃上げ交渉の時期に多少組合の存在を考える程度です。毎月、給料から組合費を自動的に差し引かれ、入りたくもなかった労働組合に、入社すると自動的に加入させられたことに対する不満もあるかもしれません。

しかし一方、いま多くの会社で、社内の人間関係がギスギスし、お互いに対する関心が薄れ、会社に対する帰属意識が希薄になっています。また、成果主義型の人事制度のもと、協働で仕事を進めるより、個人個人が仕事を進め、それを評価される傾向が強くなっています。

このような環境の中では、個人個人が新たな発想により仕事を創造し、自己実現を図り、生産性を向上させようなどという発想がしにくくなっています。

そのようなときこそ、「労働組合のコミュニケーション機能」、とくに「職場での対話」を、労働組合が率先して実施することが望まれます。

職場での対話を進める活動をすることが「組合員の視点」の評価を高め、労働組合に対する関心を持ってもらうことにつながっていきます。

「組合員の視点」の戦略設定が一番重要ですが、これが一番難しい取組みになります。労働組合は、組合員が満足する価値をいかに提供するかということに時間をかけることが必要です。

③組合活動プロセスの視点

労働組合の活動は、戦後間もない頃からずっと、「賃上げ」と「労働条件向上」を中心とした労働者の地位の向上を目的としてきたといっていいかもしれません。

しかし今、多くの労働組合は、経済的な活動だけでは期待された成果をあげることが難しい状況にあります。また、個々の組合員の要求は経済的な豊かさだけではなくなってきています。賃上げ交渉は、従来春闘において見られた一律のベースアップの状況から、組合員個々人と上司の関係に基づいて実施されるようになってきています。

また、組合員の中には、賃金の増加を期待はするものの、それ以上にワーク・ライフ・バランスの実現を期待する人も出てきています。

そのような時代の変化を背景として、労働組合の活動をいかに組合員に支持されるものとしていくかを真剣に考えることが求められています。

そのために、従来の組合活動を棚卸しして、時代に合わない活動や形骸化している資料作成の見直しを行い、組合員の視点に立った活動に作り変えていくことが必要です。

④組合役員の成長の視点

組合役員に自分からなった人はほとんどいません。通常は、組合役員経験者からの指名や、職場からの選出、中には上司からの依頼等、他力によりイヤイヤ就任させられるものです。しかし、組合役員の組合活動に対する取組み姿勢が、「組合活動プロセスの視点」「組合員の視点」を通して「組合品質の視点」を決定するといっても過言ではありません。

組合役員の経験は、会社の職務では体験できない各種マネジメントスキルや、コミュニケーションスキル、自己啓発のテーマ発見にとり最高の機会なのです。自らの有意義な目標を設定し、労働組合の活動を通して、その目標に必要なスキルを習得してもらいたいと思います。

企業の役員の中には、若い頃の労働組合の役員経験が、いまの自らのマネジメントに役に立っているという人が多く見受けられます。労働組合の役員は、決して会社にとって敵対関係にある存在でないことは、その事実からも証明されます。

組合役員は、その経験を自分のキャリアアップの武器にすることを真剣に考え、自らの存在価値向上に取り組んでもらいたいものです。組合役員が、興味や好奇心に裏づけされた動機付けに基づき、嬉々として組合活動に取り組むことができる状態が「労働組合の理想像」なのです。

労働組合のバランス・スコアカード構築手順

バランス・スコアカード構築の基本的な策定の流れを参考に、労働組合としての構築手順を以下に説明します。

▨労働組合のバランス・スコアカード構築手順

第1ステップ　ビジョンと戦略の策定
第2ステップ　戦略を通してビジョンを実現する視点の洗い出し
第3ステップ　戦略マップ作成と戦略目標の設定
第4ステップ　戦略目標を実現する重要成功要因の選定
第5ステップ　洗い出した重要成功要因に対する評価指標の設定
第6ステップ　重要成功要因を達成するためのアクション・プランの決定

労働組合は、経営と違う目的を持った存在です。売上とか利益を目標にする組織ではありません。経営におけるバランス・スコアカード構築の場合と違って、厳密なルールに基づいて作成する必要はありません。中でも、ターゲット（数値目標）の決め方が難しいケースも考えられますので、あえてその部分を外してあります。個々の労働組合において自労組の現状を勘案し、前記ステップに修正を加えていただいて結構です。

本部・支部で構成されている労組では、支部でのバランス・スコアカードの展開は、本部で作成した基本を共有化する必要はありますが、基本さえ外さなければ、支部や下部組織において、実態に合わせて重要成功要因やアクション・プランは作り変えても構いません。

支部や下部組織においては、バランス・スコアカードを難しく考えてしまうと先に進みません。職場で起きている問題を解決するために、何をしたらいいかという角度から、それぞれの視点に合った戦略を考えてみてもいいでしょう。

一応、基本的な構築手順は以下の通りになっています。

①ビジョンと戦略の策定

まず最初は、労働組合のビジョンと戦略を策定することです。ビジョンは、労働組合の「将来のありたい姿」です。戦略は、ビジョンを実現する際の解決すべき「課題」と考えてください。その時活用するシートは、ＳＷＯＴ分析シートです。作成方法を再度説明しておきます。（110頁参照）

まず始めに、自労組のおかれている外部及び内部の環境を抽出します。各自が書き出したものを全員で発表しながら、内部環境、外部環境それぞれ10ずつにまとめます。

次に、同じシートを使い、書き出した内部環境要因を強み・弱みに、外部環境要因を機会・脅威に分類していきます。その際、ＳＷＯＴの各領域にバラツキが出てしまうことがあります。例えば、Ｏ（機会）が1つしかあがらずＴ（脅威）が多くなるような場合は、再度Ｏ（機会）を追加することも検討してください。

このような手順を踏んで「ビジョン・戦略」を決めると、現在の自労組の状況を正しく反映した内容になり、組合員の理解も得やすくなります。

労働組合によっては、すでにビジョンを設定し、それに基づいた戦略を策定されている場合もあるでしょう。その場合も、ＳＷＯＴ分析の手法を用いて、改めてビジョンを見直すことは有意義な作業です。

図５－２　視点考案シート

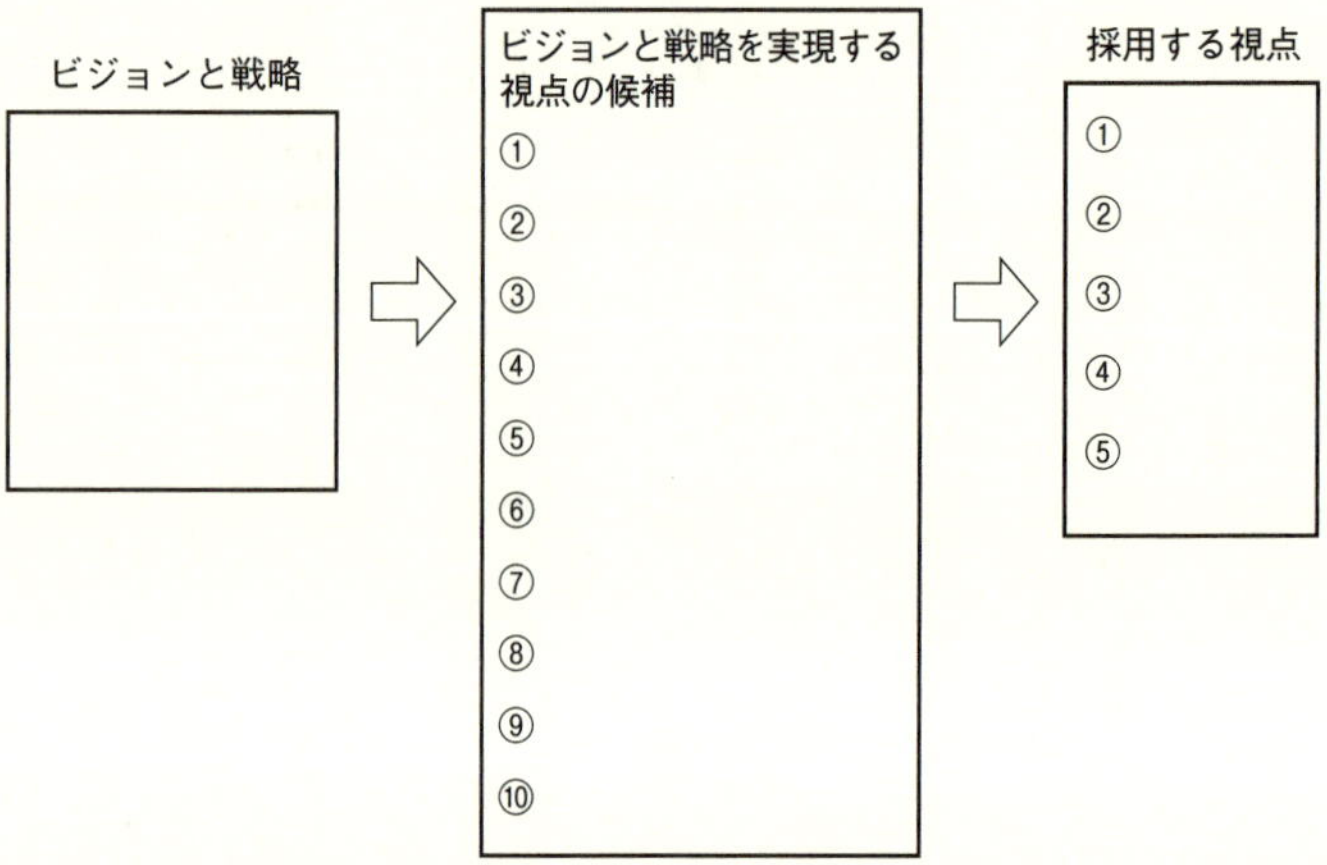

②戦略を通してビジョンを実現する視点の洗い出し

労働組合での「4つの視点」については、各組合において独自の視点で組み立てることは自由です。ここでは一応、吉川教授の手順を参考に視点を洗い出す方法を考えていきます。①で使用したSWOT分析シートを参考に以下の手順で「視点考案シート」を作成していきます。

i　左欄にビジョンと戦略を記入します。

ii　戦略を通してビジョンを実現するための視点の候補をできるだけ多く洗い出します。

iii　洗い出した視点の候補は、労働組合の基本理念やビジョンに基づき、4つないし5つに絞り込みます。

iv　ビジョンを実現するために、絞り込んだ視点が、それぞれ因果関係で結ばれているかどうかをチェックします。

前に提唱した4つの視点の因果関係を参考に、オリジナルな自労組にあった視点を検討してみてください。「○○したら○○になる」というつながりが因果関係ですので、オリジナルに考案した視点が一連のストーリーになっていれば問題ありません。

③戦略マップの作成と戦略目標の設定

次のステップが、視点の洗い出しを受けての、戦略マップの作成と戦略目標の設定になります。戦略マップは、労働組合が掲げたビジョンを、戦略を通して確実に実現するためにいかなる戦略目標を各視点に設定するか、その方法をビジョンと戦略に沿って具体化していき、全体の関連を鳥瞰《ちょうかん》できる状態にしていきます。

i　「組合品質の視点」では、経営サポートのために具体的に何をするのか。労働組合は、良い会社を作り上げ、組合員満足とあわせて経営に資する活動をすることにあります。

ii　「組合員の視点」では、組合員満足の獲得のために何を実施し、評価をいかに把握していくのか。組合員の労働組合活動に対する関心を高め、積極的に参加してもらえる状態をつくるためには何をしたらよいかがポイントです。

これが一番重要な視点ですので、コミュニケーションの機会を多く設け、お互いの共通の認識に立って作成していく必要があります。

iii 「組合活動プロセスの視点」では、現在の業務の棚卸しをした後、組合員の満足を獲得し、組合品質向上を目指すために、見直すべき業務と新規に実施すべき業務を考案していきます。

「組合員が求めている価値は何か?」「労働組合としてはそのためにどのようなサービスを提供する必要があるのか?」そのような議論を展開していくことが求められます。

iv 「組合役員の成長の視点」では、前記各視点における目標を達成するために組合役員のモチベーションを高め、リーダーシップを発揮してもらうためにやるべき活動を具体的に考案します。

何度も言うように、「組合役員満足が達成されなければ、組合員満足は到底達成できない」ということを忘れないでください。

基本的な戦略マップは、前記の手順を踏み作成していきますが、その場合、戦略を無理に各視点に合わせて考えることで枠をはめてしまいがちです。

そのようなときは、先に戦略目標を考え出し、それを各視点に落とし込む方法の方が現実的な戦略マップになります。

i　参加者が、自由に戦略を大判のポストイットに思いつくままに書き出します。量が大事ですからできるだけ短い言葉で多く書き出すよう努力してください。

ii　書き出した戦略をそれぞれの視点に貼り付けていきます。どうしても戦略に当てはまる視点がない場合は、戦略を視点に当てはまるような言葉に代えられないかを検討します。

iii　複数枚貼り出された戦略の中から、それぞれの視点に一番適した戦略を選定し、視点ごとを矢印で結び、戦略マップを完成させていきます。

④戦略目標を実現する重要成功要因の選定

戦略マップで視点ごとに因果関係でつながれた戦略目標は、その具体的達成方法を示す「重要成功要因」に落とし込むことになります。各戦略目標で何を目指すのかを再考し、そのために必要な方法をできるだけ多く書き出します。

その中から、最も重要な要因をそれぞれの視点ごとに1個か2個選出します。それが「重要成功要因」です。その項目が各視点間の因果関係で結ばれていることを確認してください。

⑤重要成功要因を達成するための評価指標の設定

重要成功要因は、具体的な達成水準を前もって設定しておくことです。具体的な数値で示せるものは、できるだけ数値にしておくことで、達成の評価がしやすくなります。

しかし、数値評価が難しいものは「定性評価」を実施することになります。定性評価を進める上では、客観的な定性項目を設定しておくことが求められます。

⑥重要成功要因を達成するためのアクション・プランの決定

重要成功要因ごとに、アクション・プランを決定します。その際に、5W2H（5W1H＋How much）を活用して、具体的に何が効果的な手段であり、いつまでに、誰が中心となって推進していくかを決定しておくと⑤の評価がしやすくなります。

会社の業務においても、年初に素晴らしい目標を設定しても、財務に関する目標以外はほとんど達成できないで終わってしまいがちです。財務以外の業務効率やお客さま対応、職場内コミュニケーション等決めておいたにもかかわらず、いつの間にか誰も実施しないで終わってしまうものです。

労働組合のバランス・スコアカードの導入においても、いくら「アクション・プラン」を設定しても、常に口に出しフォローする仕組みと、実行に向けてのリーダーシップが発揮されなければ、重要成功要因の達成は不可能です。

バランス・スコアカードは、戦略マップや重要成功要因を決定し作成することが目的ではありません。あくまでも、作成した戦略に基づいて組合活動の中で実践されることが目的です。進捗管理を怠ることなく、成果を確認しながら進めていくことが必要です。

導入には時間をかける

バランス・スコアカードは、実際に運用することができると極めて効果が上がるプログラムです。しかし、その構築には時間がかかりますし、制度の理解が十分できていなければ、よくあるトップダウンのヤラサレ活動になってしまいがちです。

どんな制度でも、当初は否定的な人が8割いるといわれています。また、残り2割の人の中にも、8割の人の影響を受け、積極的に賛成しないことが多いものです。そのためにも、まず本部での導入において、理解者を一人ひとり増やしていく地道な活動が求められます。

本部役員に対しても、委員長が中心となり、組合にバランス・スコアカードを導入する必要性を議論することが必要です。委員長も自ら主体的に活動しなければまとまりません。

その後、本部内でバランス・スコアカードの推進委員を任命するか、プロジェクト・チームを立ち上げることになります。そして各手順を、その担当者を中心に推進していく体制を作ります。

しかし、推進委員だけに任せ切りにすると途中で頓挫しかねません。全員がそれぞれの立場から協力することが、バランス・スコアカードのねらいの一つであるコミュニケーション・ツールとしての役割を果たすことになります。

支部への展開は、急ぐことはありません。まず、本部内でしっかりしたバランス・スコアカードを作り上げることができて、初めて支部や職場での展開が可能になります。支部への導入は、中長期的な目標として考えていけばよいと思います。

労働組合へのバランス・スコアカードの導入は、数字目標が設定しにくい部分もあるため、設定する戦略や重要成功要因の決定に時間がかかります。本部内においても、導入には時間をかけることが必要ですし、バランス・スコアカードの視点の設定やビジョン作成に十分時間をとっておくことが必要です。

最近、中長期ビジョンを検討する組合も出てきています。その際は、ただ中長期のビジョンを作ることに時間をかけるだけでなく、バランス・スコアカードの導入の可能性も併せて検討してみることをお勧めします。

また、会社ですでにバランス・スコアカードを導入し展開している場合は、その趣旨や進め方を理解している組合員もいますから、彼らに手伝ってもらい導入を検討してみてはいかがでしょうか。

組合における戦略マップ例

私が考えた労働組合における戦略マップ例を提示しておきます。先述の通り、労働組合の視点はそれぞれの組合にふさわしいものを設定して結構です。

また、重点成功要因も独自に考案し因果関係で結ぶことができれば、それぞれの組合の実態を反映した戦略マップが作り出せます。

戦略マップは、下から上に向かう矢印で結ばれていることが特徴です。次頁の戦略マップ例でいいますと、組合役員の視点での「人を育てる人を育てる」と「コミュニケーションスキルの向上」がスタートになります。この例では、「コミュニケーションスキルの向上」が組合員の

図５－３　労働組合の戦略マップ例

視点	戦略マップの作成と戦略目標の設定		戦略目標	重要成功要因
組合品質	生き甲斐・働き甲斐のある職場の創造	企業の社会的役割をサポートする	1．生き甲斐・働き甲斐のある職場の創造 2．企業の社会的役割をサポートする	1．ワーク・ライフ・バランスの実現 2．経営協議会の開催を増やす
組合員	コミュニケーションの場への組合員の積極参加	個々の組合員の自立	1．コミュニケーションの場への組合員の積極参加 2．個々の組合員の自立	1．車座ミーティングの自主開催 2．組合員ニーズの把握
組合業務	人材育成プログラムの強化	ＢＳＣの組合への導入	1．人材育成プログラムの強化 2．ＢＳＣの組合への導入	1．ユニオンカレッジの運営 2．労働組合による商品開発
組合役員	人を育てる人を育てる	コミュニケーションスキルの向上	1．人を育てる人を育てる 2．コミュニケーションスキルの向上	1．メンター制度の導入 2．役員研修の充実

視点の「コミュニケーションの場への組合員の積極参加」へつながっていますが、そのように視点を飛び越すことで因果関係をつなげても構いません。

続いて、組合役員の視点の戦略が、組合業務の視点の戦略「人材育成プログラムの強化」「ＢＳＣ（バランス・スコアカード）の組合への導入」につながっていきます。

組合業務の視点の戦略の「人材育成プログラムの強化」が、組合員の視点の「個々の組合員の自立」へつながっています。もう一つの「ＢＳＣの組合への導入」は、組合品質の視点の「企業の社会的役割をサポートする」につなげてあります。

組合員の視点の戦略「個々の組合員の自立」が組合品質の「企業の社会的役割をサポートする」、「コミュニケーションの場への組合員の積極参加」が「生き甲斐・働き甲斐のある職場の創造」につながっていきます。

戦略マップを作ることにより、各視点が因果関係で繋がっていくことが把握できるようになります。

図５－３は、私が机上で考え作成しているものです。決して理想の形ではないと思います。各組合において、実際の現場で議論しながら作成すると、この例とは全く違う戦略マップができてくるはずです。

そのように、バランス・スコアカードの手法を用いて戦略マップを作成するだけでも、組合ビジョンの実現に向けての行動が起こせることを体験してみてください。

第6章 労働組合のワーク・ライフ・バランスへの取組み

豊かな生活実現に向けて

〈ケーススタディ〉

◆女性組合員の自主研修

G労組の女性組合役員は、女性のための女性による研修を実施しています。「女性組合員のためのエンパワーメント研修」と称する研修を、年10回程度開催することを目指しています。第1回は本部主催でしたが、次第に全国の支部に拡大しています。

1回の研修は1泊2日ですが、研修会開催の前日の夜に「自己紹介のためのお茶会」という時間をとり、夜9時から延々と自己紹介をやります。自己紹介は、相互理解を高める最高の機会であるといわれていますが、これを行うと、研修が始まる前にすでに暖かい雰囲気ができるそうです。自己紹介は、何周も回し実施することにしており、仕事の紹介、家族のこと、趣味のこと、会社に対する不平・不満など、テーマも決めずに実施します。

エンパワーメント研修は、対話を中心に据え、相互の対話形式で実施します。まず「自分たちの存在意義」を考え、その後「自分たちの存在価値をどうやって高めていくか」を考えます。そして、課題形成のセンスを磨き、どう上司に問題点の改善を提案していくかなどを学習していきます。

実際の職場で起こっている問題を洗い出し、職場で上司に提案する場面をロールプレイングで体験します。作戦の練り方、交渉の仕方、問題点のまとめ方、その中で自分の担う責任は何なのか、いかに上司に納得してもらうかのロールプレイングです。ビデオを撮り、再生しながら課長役となってくれたコンサルタントの方と振り返りを行い、言葉の使い方に至るまで一つひとつ丁寧に指導を受けます。

なによりも、本研修で一番の成果は、学んだことを全員が職場に持ち帰り、上司に対して実践したことです。研修はともすると、ただ受講しただけで終わってしまいがちです。活用しようと思っても1週間も経てば忘れ去られてしまうものです。しかし、G労組のエンパワーメント研修は、労働組合でも感動をもって受けとめられ、自ら主体的に取り組んだ研修であれば、職場で実践することができることを教えてくれています。


国をあげて、仕事と生活の両立を支援する動きが出てきています。

これからの日本の最大の社会問題は、少子高齢社会への対応です。人口が減ることは、社会の活性化を阻害する最大の要因です。政府も、子供を生むことに伴う家計の負担を軽減しようとのねらいから、子育て支援の政策を打ち出しました。

企業としてもワーク・ライフ・バランスへの本格的な取組みが必要になっています。「長時間仕事をすることにより犠牲にしてきた生活時間の確保」「仕事と生活を両立し、安心して子どもを育てることのできる環境を作り出すこと」は、将来の日本を閉塞状態に陥らせないための極めて重要な取組みです。

しかし、ワーク・ライフ・バランスの実現は簡単ではありません。日本人の現在の仕事に対する取組み方法は、簡単に変えられるものではありません。長時間働くことで成果を上げ、それが評価されているとの考え方はまだまだ強く残っています。

そのようなわが国の状況において、労働組合が、ワーク・ライフ・バランスの実現を支援する活動に取り組むことの必要性を考えてみたいと思います。

1　ワーク・ライフ・バランスの必要性

少子化のもたらす社会不安

図6－1　出生数と合計特殊出生率

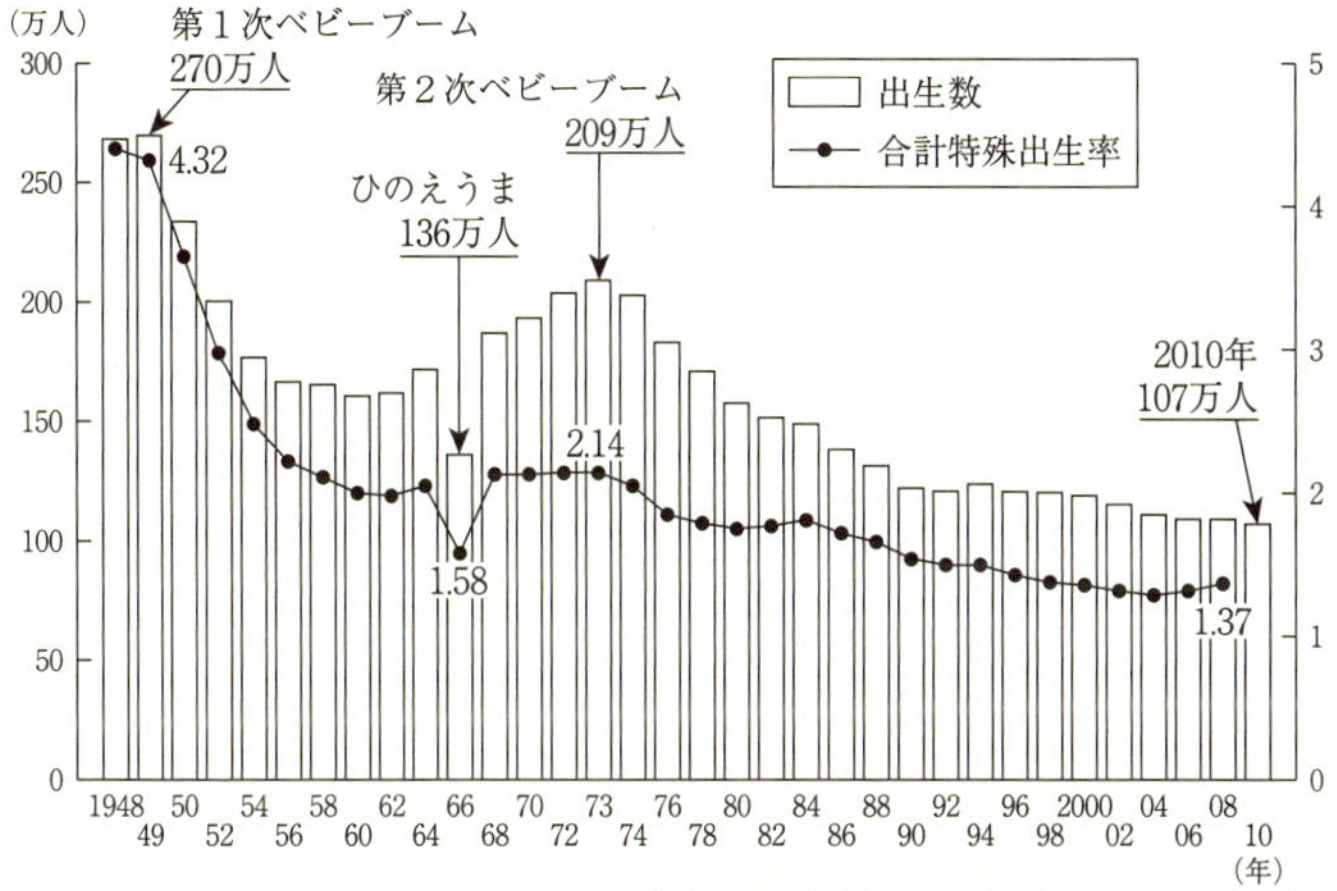

厚生労働省「人口動態統計の年間推計」

結婚しない若者や結婚できない若者、結婚しても子供を生まない夫婦が、社会問題化してきています。一人の女性が一生に生む子供の数を示す「合計特殊出生率」は、２００８年で1・37となっています。人口を維持するために必要な数字は2・08であることからすると、今後、日本の総人口は確実に減少を続けていくことになります。

とくに、非正社員は、低賃金により最低の生活を余儀なくされている人が少なくありません。そのような人は、結婚をすることなど、まして子供を養育することなど望むことができない状態にあります。

少子化の問題は、子ども手当の支給で解決できるような短期的テーマではありません。

今の若者が持っている「結婚や子育て」に関する意識や、晩婚化の現状を変革することができるかという問題なのです。

少子化の問題は、社会構造の変化をもたらします。社会保障や税負担の問題を含め、国全体としての取組みも極めて重要になります。しかし、社会のセーフティネットの整備、企業における子育て支援の対策や労働組合の「婚活」支援など、さまざまな取組みを実施し、結婚し子供を育てることの楽しさを啓蒙していくことが望まれます。

男性社員の働き方を見直そう

平成19年の「労働力調査」（総務省）によると、週60時間以上働いている労働者は、10・3％となっており。その内、30歳代の男性の比率は年々減少傾向にあるものの、まだ20・2％となっています。

日本人の生産性の悪さは、先進7ヶ国中最低の水準にあることは、以前より指摘されています。同じ付加価値を上げるために、日本人の男性社員は長時間働いています。

２０１０年、労働基準法が改正され、週60時間超え時間外労働に対する割増率が50％になった背景にも、この日本人労働者の働きすぎを抑制しようというねらいがあるのです。

図６－２　週労働時間が60時間以上の労働者の割合の推移

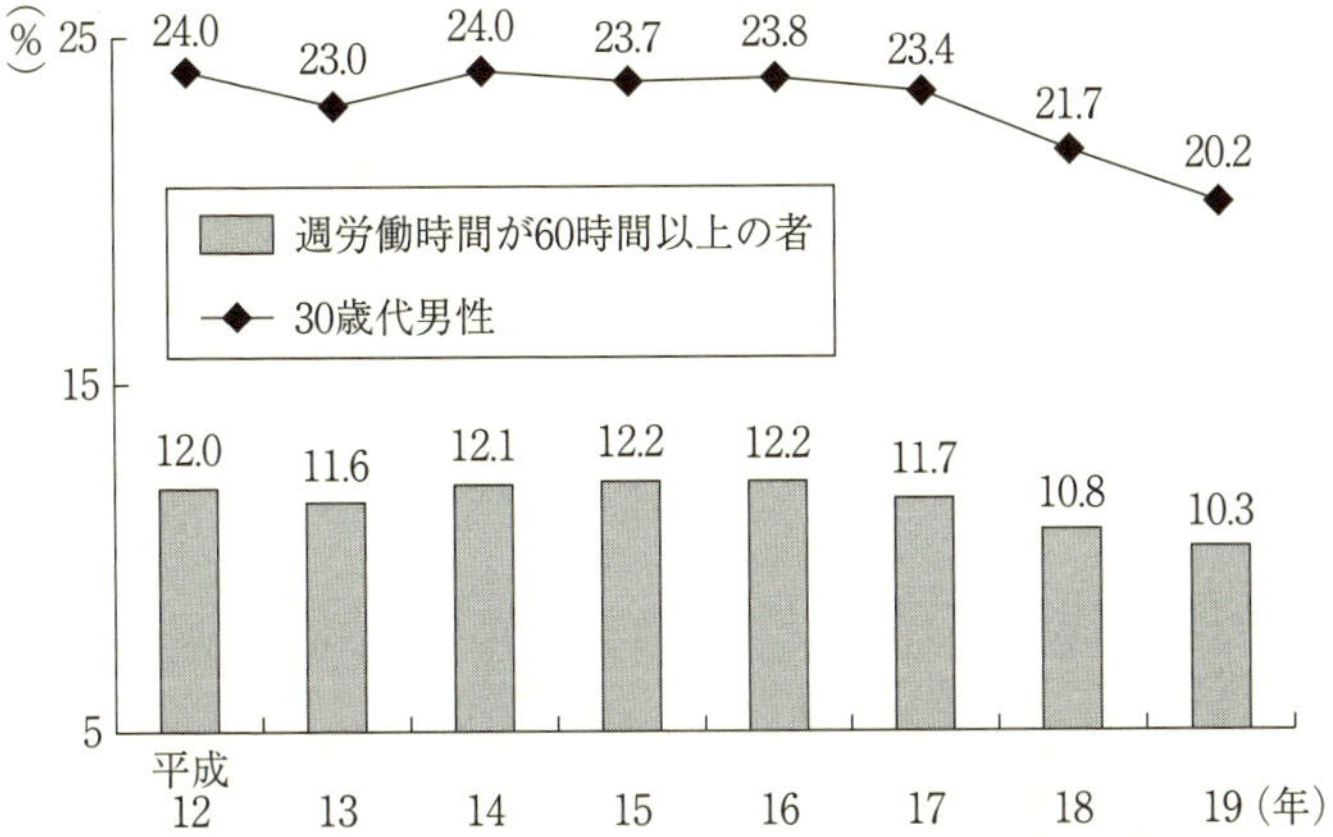

総務省「労働力調査」

ワーク・ライフ・バランスを考える際に、日本人男性、とくに子育て世代に当たる30歳代の男性社員の長時間労働をいかに軽減するかが重要になっています。

また、自分の仕事や職業生活に不安を感じている人の内、３割以上の人が長時間労働によるストレスをあげています。「長時間労働は美徳ではなく、生産性の悪い仕事の進め方であり、心身の健康に悪影響を与える」という意識を育てていくことが必要です。自分の生活を考え、働き甲斐と生き甲斐を求め仕事をする時代になっているという認識を、男性社員は持つ必要が出てきています。

「イクメン」の推進

育児に積極的に参加している父親を「イクメン」と呼びます。わが国では、民間企業に勤める男性の育児休暇取得率は、わずか1・2％です。仕事より家庭を優先しようとする男性社員は、肩身の狭い思いをしている実態を表しています。

日本では、妻が専業主婦の場合は、妻がほとんど一人で家事・育児を担っています。妻が常勤の会社員であっても、家事・育児の大半は妻が担っている実態が指摘されています。日本社会に根強く残っている「夫は外で稼ぐ人、妻は家事・育児をする人」という性別役割分業の考え方が感じられます。

今までは、労使協定で「父母いずれかが育児に専念できる場合、他方の親は育児休暇を取ることができない」という取り決めが認められてきました。しかし、２０１０年6月に育児・介護休業法が改正されました。１００人を超える従業員がいる会社は、妻が専業主婦、あるいは育児休業中で家にいる場合でも、男性社員からの育児休業の申請があれば拒否することはできなくなりました。

また、この改正によって、残業など所定外労働の免除を制度化したり、小学校就学前の子どもが病気になった場合に、看病するための看護休暇を拡充するなどして、労働者の仕事と子育ての両立を支援していくことになりました。

しかし、いくら制度を整備しても、利用する男性社員が増えないことも予想されます。まだ、日本の男性社員にはワーク・ライフ・バランスを意識して働く人が少ないのが現状です。子どもを育てる権利を労働者が自ら主張しにくい社内風土を改善し、育児・介護休暇をとる人が心理的に負担を感じない職場を作ることは、労働組合としてのワーク・ライフ・バランスの取組みのひとつではないでしょうか。

とくに管理職は、部下の男性社員が育児休暇を取得することに対して、否定的な人が多くいるという指摘もあります。労働組合としては、ワーク・ライフ・バランス支援が、将来の優秀な人材育成につながることや、相互助け合いの職場風土を作り出すことが、マネジャーの仕事であることを管理職に納得してもらうよう会社に働きかけてください。

「イクメン」を実践することが、人間の本来の「素晴らしい生き方」であることを、会社も労働組合も啓蒙していかなければなりません。

女性の能力発揮の環境整備

日本における女性の年齢別労働力率をみると、出産・育児による就業中断により、30歳代の

図6－3　労働力人口の変化

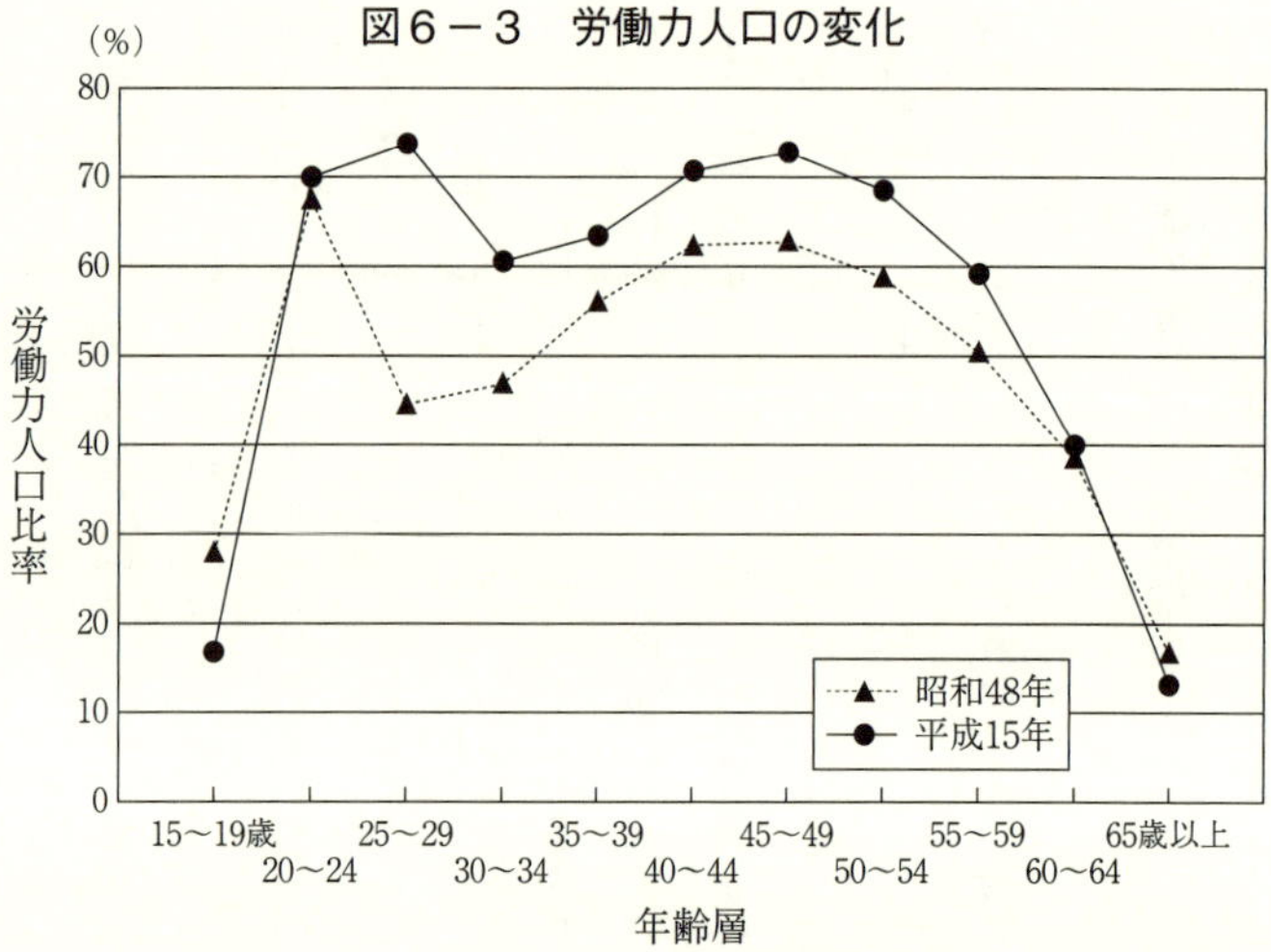

総務省統計局「労働力調査」

落ち込みが顕著にみられます。他の先進国では例をみないこの現象は「M字カーブ」と呼ばれ、多くの女性が就業継続希望を充たすことができていない実態を反映しています。

日本の会社は、一度辞めた社員を再雇用することに対しては消極的であり、また女性が長期の産休・育休をとった場合の職場復帰できる制度はあるものの、十分に活用しやすい環境にあるとはいえません。制度を利用することをせず、第1子の出産を機に会社を辞めてしまう女性の割合は、約7割といわれています。

また、日本では、管理職に占める女性の割合が10・5%しかありません。女性の退職者が多い実態から止むを得ない数字かもしれませんが、社会に占める女性の割合を考えても、企業経営の中枢に、より多くの女性を配置することは重要な意味を持っています。

「男性が外で長時間仕事をし、女性は家庭で子育てをする」という未だに残っている古い慣習を打破していくことが、ワーク・ライフ・バランスの実現には不可欠です。

これからは、少子化に伴う社会不安が現実のものとなってくる以上、女性が安心して子供を育て、仕事も家庭生活も両立することができる環境をいかにして作り上げるかは、賃上げ以上に労働組合にとって重要な活動になっていくことが予想されます。

ワーク・ライフ・バランスは少子化対策だけではない

少子化の実態は、合計特殊出生率の現状から極めて深刻になっていることが分かりますが、ワーク・ライフ・バランスの必要性は、少子化対策だけの問題ではありません。

わが国の生産性の低さは、前述の通り先進国で最低の水準にあります。長時間労働により付加価値をあげることが日本人の労働観として根強く植えつけられています。長時間労働に伴う心身のストレスは、労働者の3割の人が感じています。しかし、簡単にはその状態から抜け出せません。

日本企業には、「労働時間の短い国で生産性が高いという現状を再認識する」ことが求められています。労働時間を短縮することは、余暇の時間や生活の時間を増やすことにつながります。自分がやりたいことが自由にできる時間が持てることや、家族との時間を持つことは、働く人のモチベーション向上にもつながってきます。モチベーション向上により、仕事に対する取組み方も変わり、新たな発想による創造的な仕事が生み出される可能性や、ユニークなアイデアから付加価値の高い製品が開発される可能性も高くなります。

ワーク・ライフ・バランスの実現は、ＩＬＯ（国際労働機関）の総会において21世紀の目標として提案されたディーセントワーク（働きがいのある人間らしい仕事）をするために必要なことなのです。そのためにも、労働組合と会社が一体となって取り組むことが不可欠です。長時間労働は、個人の価値観以外に上司や職場の影響から起きています。いくら、組合がワーク・ライフ・バランスの必要性を説いても、会社が理解を示さなければ、具体的な取組みは展開できません。会社と組合が協働して「ワーク・ライフ・バランスの実現によるディーセントワーク」の活動に取組むことが、生産性の向上に寄与することを、従業員だけでなくマネジメント層にも理解してもらうことが必要です。

そのような中にあり、２０１０年に入り神奈川県の松沢知事が提唱した、県庁職員の時間外勤務をなくす「残業ゼロ宣言」が注目されます。県庁の部局長は年間の残業削減計画を毎年作成し、知事などが計画の進捗状況を管理するそうです。２００９年に一部の部局で先行実施し、２０１０年４月から全庁で実施しています。

松沢知事は、「残業ゼロに向けて県庁全体で仕事の仕方を抜本的に見直し、職員の総労働時間短縮につなげたい」と言っています。時間外勤務する場合は、所属長に事前申請し、専用のバッチを着用させ、各部局に推進責任者を置くほか、部下の残業度合いを管理職の昇進の判断材料にもする方針だそうです。

このように、行政におけるワーク・ライフ・バランスに向けての具体的な取組みが実施されたことで、今後民間企業での気運が高まる可能性が出てきました。

労働組合のワーク・ライフ・バランスに関する啓蒙活動

ワーク・ライフ・バランスの実現により、長時間労働が規制されるようになると、多くの従業員は時間を持て余すことにもなりかねません。従来、仕事をすることにより時間を消費することに慣れてきた人は、割増賃金による収入の道を閉ざされることへの不満も少なくないかもしれません。

また、生活時間が増えても、その使い方が分からないために、時間を無為に使うことに不満を持つ人も出てくる可能性もあります。日本人は、仕事以外のことを考える習慣を持っている人は少ないといわれています。

そこで、労働組合は、ワーク・ライフ・バランスの啓蒙活動と併せて、キャリア開発プログラムを用意したり、自由に意見交換できる場を作ったり、組合員の意識改革への取組みも行うことが必要になります。会社とも時間をかけて労使交渉を行い、自社に適したワーク・ライフ・バランスのモデルを考案し、従業員や管理職に対する意識改革を、会社と共に確実に実施するルールも確立しておかなければなりません。

ワーク・ライフ・バランスは、中長期的にみると、人材の育成につながります。新しい家庭生活を作り上げることが、仕事以外の人生を実感できる機会にもなるでしょう。労働組合は、積極的にワーク・ライフ・バランスをテーマにした話合いの場を持つ努力をすることが望まれます。

また、実際にワーク・ライフ・バランスの取組みが実施された後も、職場の実態調査や制度の見直し、「年次有給休暇の完全取得」を実現するための行動なども、地道に展開することが必要です。前述の神奈川県庁の取組みに見るように、時間外勤務がしにくい状況を労働組合と会社が共に作り上げることも必要でしょう。

2 ライフプランと上手な仕事の進め方(タイムマネジメント)

仕事だけが人生ではない

そもそも効率的に仕事をこなすことだけが、ビジネスパーソンにとり重要な意味を持つことなのでしょうか。

私たちは、ともすると仕事に関してだけの「上手な時間の使い方(タイムマネジメント)」を考えてしまいます。「限られた時間の中で、どうやって任された仕事を効率よく処理し、期待された成果をあげることができるのか」に対する関心ばかりが高くなってしまいます。

人生は、仕事だけで成り立っているわけではありません。しかし、仕事を最優先で考え、他の問題を考える余裕のない日本人があまりにも多いのが現状です。とくに、男性社員の育児に投入している時間が、欧米に比べ極めて低いことも問題になっています。

最近、リタイアした団塊の世代がボランティアに時間を使ったり、趣味としての家庭菜園を行ったり、都会から離れて地方暮しをしたりというように、自分の時間を楽しもうとする傾向が見られています。

会社を離れて初めて「会社が全ての生活」ではなく、「自分の時間や家族との時間を大切にしようという意識」が生まれてきているのです。若い世代では、効率的に仕事をこなし、定時に仕事を終了し、就業時間後に自分のやりたいことのための時間を確保する価値観が容認される時代になりつつあります。しかしそのような人、とくに男性社員は、まだ多くありません。

日本人気質に見られる「他の人に対する遠慮」「自分だけが手抜きをしているように見られるのでは」「長時間働くことが美徳」の潜在意識が働くからか、長時間労働の企業風土は簡単には払拭できそうにありません。

現在の仕事を見直し、短時間で期待されている成果をあげ、生み出された時間を活用し、付加価値の高い仕事を創造するルールを作りたいものです。そして残業地獄から開放され、自分の時間を作り出すことで自己実現を図っていきたいものです。

ＳＭＩ（サクセス・モチベーション・インスティテュート）の創設者ポール・Ｊ・マイヤーは、人生の６つの分野で目標を設定し、その達成を目指すことがトータルパーソン（人生の成功者）であり、人間は６つの分野のそれぞれに自分の目標を設定し、バランスの取れた人生を歩むことを提唱しています。

6分野とは、①健康面、②社会生活面、③教養面、④精神面、⑤経済面、⑥家庭生活面のことです。成功とは「価値ある目標を前もって設定し、段階を追って実現すること」であるとし、この6分野のどれが欠けても具合が悪いと言っています。次節の「人生目標の設定」にぜひ取り組んでみてください。

人生目標の設定

成功哲学の本場アメリカにおいてさえ、社会人になるときに自分の人生目標を設定している人は5％もいないといわれています。まして、わが国においては「不言実行こそ美学である」とわけも分からない理由をつけ、目標設定を行わない人も多く見受けられます。

しかし、自分の人生最後のシーンで、自分のやってきたことを振り返り、「充実した人生であった」と言えるためには、自分なりに目標を設定しておくことも必要です。

ほとんどのビジネスパーソンは、自らを振り返ることなどしようともせず、目標といえば仕事に関するものしかないというのが実情でしょう。

▨目標設定を行わない理由

①　目標設定の重要性認識の欠如

ほとんどの人は「目標設定などしなくても、自分はやるべきことが分かっているし、今までも何とかやってこれた。今までの人生にそこそこ満足している」という考え方を持っています。そういう人も、一度「本当にやりたいことはないのか？」と自分と対話をしてみてください。もし、目標が見つかったら、「何故この目標を選んだのか？」という「Ｗｈｙ」を５回自問し、掘り下げてみてください。

②　目標が多く、あれもこれもとなってしまう

この場合は、とりあえず全て書き出してみましょう。その際、「私の夢リスト」を活用することが効果的です。その後で、自分が本当に達成したい目標に絞り込みます。大きな目標の場合は、それを取り掛かれるサイズに細分化し、段階的に達成するよう工夫することも必要です。

③　目標設定の仕方が分からない

前記のように、とりあえず思いつくままに「私の夢リスト」（図６－４）に目標を書き

出します。次に、自分が今までの人生において達成した業績や取得した資格などを振り返ってみてください。

④　どうせ目標は達成できない

今、自分が習慣として行っていることも、かつてはゼロの状態であったはずです。「小さな目標を設定し、チャレンジし、達成する」というプロセスを実践することで、自分なりの充実感を味わえるはずです。継続は力なりです。

⑤　他人の批判を気にする

こんなことを目標にしたら他の人に何と言われるかを気にして、目標設定を行わない人もいます。そのような人も、自分の気持ちを掘り下げることにより、「これこそ自分が達成したい目標である」と確信できれば、他人の批判も気にならなくなります。

⑥　目標を全て達成しないと気がすまない

目標設定で重要なことの一つに「完璧な目標」は目指さないというものがあります。とりあえず、できることから始め、全てに手をつけられなくても気にしない度量が必要です。

図6－4　私の夢リスト

やりたいこと、手に入れたいもの、なりたいもの、なんでも自由に思いつくまま記入します。

できるできないは考えないでください。

その夢は、6分野（健康面・社会面・教養面・精神面・経済面・家庭面）のどのジャンルに分類されますか？

記入日	私　の　夢	分　野

ホワイトカラーの生産性について考える

日本人の生産性の低さが、海外とのグローバルな競争上問題であるという意見が経団連などを中心に指摘されています。

その影響もあってか、ホワイトカラーエグゼンプションに関しての議論も持ち上がりました。ホワイトカラーエグゼンプションとは、労働基準法に基づく労働時間の規制を、一定の要件を満たした社員には適用しないというものです。

管理監督者に対しては、労働時間と休日・休憩に関する規定は適用されないため、時間外労働に伴う割増賃金は支払われないのが一般的です。ホワイトカラーエグゼンプションは、その規定の範囲を広げようとする動きです。ホワイトカラーは、自律的に働き、かつ、労働時間の長短ではなくその成果や能力により評価されるべきであるとの考え方に基づいています。アメリカにおいては、以前より導入されている制度です。

しかしわが国では、違法なサービス残業がかなり存在している実態があります。36協定（労働基準法で認められている時間外労働に関する労使間の合意）による時間外労働も恒常的に行われています。このような時間外労働は、労働者の精神的、肉体的な疲労を引き起こし、最悪の状態が、過労死・過労自殺をもたらすと報じられたりもしています。

そのような状況下において、労働時間規制が適用されないホワイトカラーエグゼンプションが認められることは、個人の自由裁量の範囲が広がり、自己実現が図れるという狙い通りの効果が期待できるのでしょうか。労働組合としては、自社の各職場での労働時間の実態を正確に把握し、個々の労働者が自己の裁量で仕事をした場合の労働時間の変化を予想しておくことが求められます。

ホワイトカラーの生産性の低さは、労働時間に関してだけの問題ではありません。労働の質の見直しも求められてきています。限られた時間で任された仕事をこなすだけでなく、いかに付加価値の高い仕事を考案し、社会的に認知されるかが、これからの企業間競争の中では重要になってきます。

労働基準法改正後の働き方をチェックしよう

労働時間の現状の見直しが行われ、平成22年4月より時間外労働の割増賃金の率が改正されました。

先述のように、総務省の「労働力調査」によると、労働時間の現状は、週60時間以上働いている人の割合は全体で10％といわれています。とくに、30代の子育て世代の男性のうち、週60

時間以上労働する人の割合は20%となっています。

こうした働き方の習慣を改善し、長時間労働を抑制し、労働者の健康を確保すると共に、仕事と家庭の調和が取れた社会の実現を狙いとして、労働基準法が改正されたのです。改正内容は次の通りです。

▨平成22年4月の時間外労働に関する労働基準法の改正

① 「時間外労働の限度に関する基準」が改正され、労使当事者は限度を超える時間外労働に対する割増賃金率を引き上げるよう努力する

② 月60時間を超える法定時間外労働に対して、使用者は50%以上の率で計算した割増賃金を支払わなければならない

③ 引上げ分の割増賃金の代わりに有給の休暇を付与する制度（代替休暇）を設けることができる

④ 労使協定により年次有給休暇を時間単位で付与することができるようになる

長時間労働に関する問題は、労働組合もその削減に向けた取組みを実施してきています。し

かし長時間労働することは、労働者個人個人の考え方や働き方に任せられる問題であり、会社も組合も改善の必要性を唱えてきてはいますが、進んでいません。

２０１０年の労働基準法の改正により、月60時間を超えた場合の割増賃金引上げは、会社にとって大きな経済的負担になります。会社はそれを避けるため、時間外労働を厳しく規制する方向に動くことが予想されます。また、労働者が仕事を家に持ち帰ったり、タイムカードを押した後に居残るような、いわゆる「サービス残業」が発生しないよう、労働組合としても十分チェックしていくことも必要です。

３　上手な仕事の進め方

わが国のビジネスパーソンの仕事の進め方については、いろいろな問題が指摘されています。先ほど見た通り、日本人の長時間労働は、今や社会的な問題としても取り上げられています。長時間労働は、個人個人の価値観の違いや習慣によるものであり、他者が改善を促しにくい行動であるとされてきました。

会社においても「ノー残業デー」の設定や、仕事を上手に進めるための環境の整備、効果的な仕事の進め方の研修なども行われてきています。労働組合は、今まで以上に、会社と一体となって労働者の長時間労働削減に取り組むことが求められます。

ここでは、私が多くの企業や自治体、労働組合の研修で実施している「上手な仕事の進め方」の基本的な取組みについて説明していきます。

労働組合から「ワーク・ライフ・バランス」や「タイムマネジメント」の研修の依頼があると、研修の冒頭で次のような説明をしています。「タイムマネジメントは、単なる効率的な『時間の管理』ではなく、段取りよく仕事を進めることで、自分が自由に活用できる時間を創りだすことです。人生において自分が達成したい目標を再確認し、生み出された時間を有効に活用し、その実現に取り組んでいくことです」と。

時間管理のマトリックス

スティーブン・コヴィーは『7つの習慣』（キング・ベアー出版）の中で、「緊急度と重要度によるマトリックス」を取り上げ、私たちはあまりにも第1領域、第3領域の仕事に忙殺されているということを指摘しています。そのために、本来自分のために最重要な第2領域の時間

図表6－5　時間管理のマトリックス

	緊　急	緊急ではない
重要	第1領域 ・締切のある仕事 ・クレーム処理 ・切羽詰った問題 ・病気や事故 ・危機や災害	第2領域 ・人間関係づくり ・健康維持 ・準備や計画 ・真のレクリエーション ・勉強や自己啓発
重要でない	第3領域 ・突然の来訪 ・多くの電話 ・多くの会議や報告 ・重要でない冠婚葬祭 ・無意味な接待や雑事	第4領域 ・暇つぶし ・単なる遊び ・だらだら電話 ・待ち時間 ・多くのテレビ

が取れていないとしています。

第1領域は、緊急かつ重要な問題であり、日頃私たちが優先的に取り組んでいる仕事ということになります。

第2領域は、本来自分として最重要な取組みと考えている問題です。しかし、緊急性が低いため、ついつい自分との妥協の結果、先延ばししたり、まったく手をつけなかったりしてしまうこともあります。

第3領域は、緊急であるが重要でない問題で、突発の来訪や冠婚葬祭などが振り分けられます。ほとんどの人が、この領域の問題に時間を多く費やしてしまっています。

第4領域は、緊急度も重要度も低い問題が振り分けられます。だらだらとテレビを観たり、単なる暇つぶしなどの行動がここに当てはまります。ここは、まったく無駄とみえますが、私たちがリラックスできるのはこの領域があるからともいえます。

コヴィーは、第2領域に集中した時間管理ができるようになると、その結果として「ビジョンを持つようになる」「生活のバランスがとれる」「健康になる」「人間関係が改善される」「危機が少なくなる」というような効果が表れるといっています。

そのためには、前述のワーク・ライフ・バランスを考えた自己目標の設定が行われていることが条件です。試しに、自分の「第2領域」の目標を書き出してみましょう。

金、時間、能力、人間関係をまったく考慮せず、先述の「私の夢リスト」を活用し、「本当に自分が達成したい目標」「手に入れたい物質的な価値」「味わいたい気分」を思いつくままに書き出してみることから始めてみてください。私たちは、無意識のうちに自分で「自分にはできない」というメンタルブロック（心の壁）を心の中に築きあげてきてしまっています。それが「やりたくてもできない」という自己正当化の最大の口実になっているのです。

しかし、書き出すことで自分の意識が顕在化してきます。何回も書き直すことで、「よし、やってみよう」という意欲も湧き出すこともあります。書き出した目標に自分としての優先順位をつけることで、実現可能な目標として明確になっていくのです。

1週間の行動特性を把握する

私たちの行動のほとんどは、自分の思考に基づいています。しかし、なかなか自分の思考習慣を変えようとしません。仕事が忙しく時間がないのは、会社や上司や職場環境にあると考えているビジネスパーソンも多くいます。

そのような人には、ぜひ、自分の1週間の振返りを実施することをお勧めします。1週間にどの業務にどのくらいの時間を割いているのかを、できれば分単位で記入してみてください。振り返ることができない方は、今日から1週間、どの業務にどのくらいの時間をかけているかを記入することで、自己の行動特性を把握することから始めましょう。

自分の時間の使い方（行動習慣）を把握することにより、自分の改善すべき行動が見えてきます。多分このくらいかかっているだろうと頭で考えるだけでは、実態に即した自己の時間管理は行えません。

1日単位では、日によって仕事面や趣味の面で片寄りが出てきてしまいますし、1ヶ月単位ですと細部の時間まで把握することが難しいものです。しかし、1週間という単位は、私たちが自らを管理するための最適な期間です。

仕事にしても、自分の第2領域の目標であっても、1週間のいつ（何曜日に）、どのくらいの時間を割り当てるかを決めておくと、余裕をもった対応が可能になります。その際肝心なことは、きっちりとした予定を立てないことです。

私たちの行動は、自ら制御できるものだけでなく、他人から影響を受けるものも多いでしょう。余裕のないスケジュールを立てることは、自分の計画が決められた通り運ばなかった時、自責の念にかられ、達成感とはまったくかけ離れた気分を味わうことになってしまう危険性があります。

計画表を作成する際、1週間を基準にすることが重要です。日曜日の夜や月曜日の早朝に、今週1週間のやるべき事項をまず書き出すことです。細かな計画は後に回し、どうしても今週処理しなければならない案件、重要な会議、得意先との約束などを、週のいつ取りかかるかを先に設定することです。この際に活用するのが優先順位のスキルです。

とくに意識したいのが、自分との約束の履行を習慣づけることです。月曜日に、今週1時間は自分の重要案件を処理しようと決心したら、まずそのスケジュールを計画表に記入してしまうことです。

完璧な計画表を作っても、全てがその通り実行できるものではありません。急な会議や、緊急事態、上司からの急な依頼等が発生します。余裕をもち、突発事項が発生した際にも、処理できる予備日や空き時間も確保しておくことをお勧めします。もし、その時間が空くようであれば、そこには後で処理しようと考えていた仕事を入れることも可能になります。

優先順位の設定

1週間の自分の行動特性を把握する作業には、もう一つ大きな意義があります。作業をすることは、自分が取り組んでいる業務の棚卸しを行うことになります。棚卸し作業を通して自分の仕事の細部まで書き出してみると初めて、客観的に自分の仕事の優先順位をつけることが可能になっていきます。

20対80の「パレートの法則」が、タイムマネジメントにおいても適用できます。つまり、優先順位の高い2割の仕事をこなすことにより、仕事全体の8割が達成されます。効率よく仕事をこなすポイントは、優先順位を的確に設定できる能力の有無にかかっているのです。優先順位を設定しないで、場当たり的に仕事をしてしまうと、重要な仕事が手付かずのまま残り、後々切羽詰った状態に追い込まれ、余裕のない対応しかできないためストレスがたまる結果になりがちです。

優先順位をつける前に、ぜひ取り組んでいただきたい作業が、「やらない仕事を切り捨てる」

ことです。仕事の中には、すでに意味を失っている報告書やデータ集計などが無意識の内に温存されているものです。まず、そのような仕事を思い切って切り捨てる勇気を持つことです。

また、優先順位を設定する際に留意したい点として、上司や同僚、部下と十分すり合わせる機会を作ることです。

目標管理における上司の役割の部分でも述べましたが、部下は自分の仕事の多くの部分を上司から委ねられています。そのためにも、部下は上司に対して、自分の仕事における優先順位を明示する必要があるのです。

また、チームのメンバーがゴールを認識することができて初めて、メンバーが効果的に仕事に一丸となって取り組むことが可能になります。

優先順位設定のツール

優先順位のつけ方には、決まった形があるわけではありませんが、できれば自分として効果的なツールを使うことをお勧めします。

ここでは、仕事を3つに分けて優先順位を決定するやり方を提案します。

図6-6にあるように、仕事を「(A) 今、自分でやる仕事」「(B) 後で、自分でやる仕事」

図6－6　効果的な優先順位のつけ方

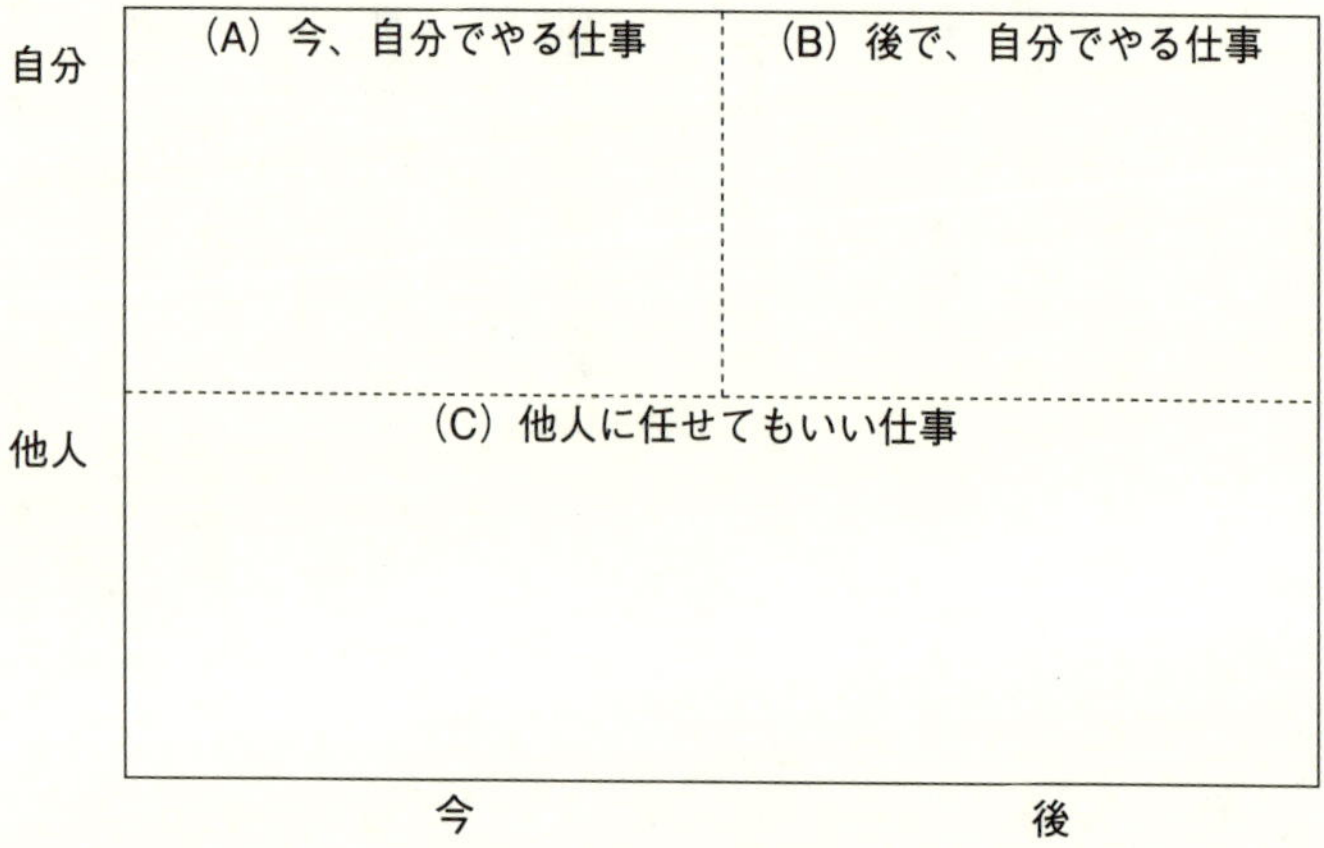

「（C）他人に任せてもいい仕事」の3つに分類します。

優先順位が効果的につけられない人の中には、仕事を抱えてしまい、自分で全てやらないと気がすまない人も多くいます。しかし、自分の思考習慣を変えなければいつになっても第2領域の時間が確保できず、ストレスを抱え、疲れきった生活パターンの中で過ごす結果になってしまいます。思い切って他の人に仕事を依頼してみてください。

また、仕事を3つに分類し処理する際に注意する点として、Bにランク付けした仕事を意識することです。その仕事は、まだ期限が先だからとの理由でBにランク付けしたものの、いずれは自らで処理する必要が出てくるAの仕事になってきます。

十分に余裕があるうちに処理するという習慣をつくることで、Ｂのランクの仕事に振り回されることなく、自分が仕事をコントロールする状態をつくることができます。仕事が私たちをコントロールする状態になってしまっては、生産性を高めることは不可能です。生産性が低下することは、「自尊心」の減退を招き、ストレスの原因にもなりかねませんから注意しましょう。

小刻みな目標を設定する

私たちには、抱えている仕事が簡単には終わりそうにないと考え、ついつい先送りし、切羽詰ってやるような事態を招くことがよくあります。そのような状況になったときは、まず取り組む仕事の中味を細分化できないか考えておくことが必要です。

いつまでに、何を、どのような形で、処理しなければならないかを書き出してみると、客観的に把握できます。書き出すことにより、仕事のボリュームや取り組む段取りも検討することが可能になってきます。

細分化することができれば、適正規模にすることができ、取り組んでみようというモチベーションも起きやすくなるものです。

また、実際に取りかかってみると、短時間で処理することができ、次の仕事にスムーズに取り組むことができたりします。そのようにして、小刻みな目標を設定する習慣も身につけておくといいでしょう。

早朝の時間活用

意外と効果のある「仕事の上手な進め方」に「早朝の時間活用」があります。早朝、10分間、自分が今日やる計画を書き出すのです。

そうすることによって、取り組んでいる課題やその期限が明確になってきます。また、ついつい先送りしていた前述のBの仕事も思い出すことができたりするものです。

1日のスケジュールを立てることになりますので、次の仕事への移行時間が少なくなり、時間の無駄も省くことができます。私たちは、ついつい場当たり的に仕事を処理してしまう傾向がありますが、事前にスケジュールを立てておくことにより、突発の事態にも対処可能になるものです。

また、早朝に1日のスケジュールを立てて仕事に望む最大の効果は、1日の終わりに味わう達成感の大きさにあります。自分が立てた計画が、思い通りに進められたことの満足感は自分にしか分かりませんが、うれしいものです。

早朝に時間が取りにくい人は、前日、業務終了後の10分の活用でも構いません。自分にとって一番都合のいい時間を活用し、実践してみてください。

4　会議改革の必要性

会議はすべてに優先するという迷信

なぜ、上手な仕事の進め方の中で、これだけを別にしたかといいますと、会議こそ日本人が抱える最大の問題だからです。労働組合においても、会議は非常に頻繁に開催されており、その対策は真剣に考えなければならないテーマです。

会議は、主催者の会議運営スキルの優劣により、参加メンバーにも多大な影響を与えることになります。自分以外の人の時間をも無駄にする損失は、日本の多くの企業において無視できないものになっています。しかし、誰もが不満に思っているものの、改善できないテーマが

「会議」ではないでしょうか。

先程の先週1週間の振返りを行うと、形式は問わず、会議、打合せ、ミーティングにどれくらい時間がとられているか確認できたはずです。会議のはしごなど日常茶飯事です。

とくに組合の役員を兼務しているとなると、仕事の会議以外に組合での会議やミーティングの多さに改めて驚くのではないでしょうか。組合も会議やミーティングの連続で成り立っているような組織なのです。

会議のあり方の見直し

① 過去の慣例で意味もなく行っている会議はやめることはできないか
② 似た内容で、メンバーを変えただけの会議は統一できないか
③ 単なる報告や連絡を目的とした会議は、文書で済ますことはできないか
④ 会議の開始時刻と終了予定時刻は守られているか

職場集会の上手な進め方

労働組合にとって重要な公式のコミュニケーションの場として、「職場集会」があります。通常「職場集会」を取り仕切るのは、入社間もない職場代表の組合員です。「逆年功序列」といわれることもあるように、若い組合員が順番に任命されているケースがよくあります。職場が、日常の最も大切な組合活動の場です。その職場が、現在「ギスギスしている」ことが問題になっているのです。その改善を担う手段が「職場ミーティング」や「職場集会」です。

しかし、日本の企業や労働組合では、会議は頻繁に開催されるものの、その運営を上手に進める方法を習得している人が少ないのが現状です。とくに、職場集会においては、入社間もない組合員が進行役となるため、余計に難しいものになりがちです。

職場集会のタイプとしては次の４つがあげられます。

① 情報伝達型
② 意見調整型
③ 問題解決型
④ 企画立案型

職場集会の開催目的に応じて、タイプ別に進行方法を考えて対応する必要が出てきます。j・unionの西尾社長によると、それぞれのタイプの特徴は次の通りです。

4つの職場集会のタイプの特徴

①**情報伝達型**…組合員に向かって組合の考え方や情報を伝え、質問を受け付ける会議です。この型は労働組合の職場討議・集会で最も使われるタイプです。長所としては、一度に多くの人との情報の共有化が図れ、一体感を生み出すことができる点があげられますが、コミュニケーションが一方通行になってしまう危険性があります。

②**意見調整型**…一つの目標・課題に向かってお互いの考えをすり合わせるための会議です。この型の討議が一番難しく、事前に十分進行スケジュールを作成し望む必要があります。

③**問題解決型**…職場で何か問題が発生したとき開くものです。緊急対策や問題対応型のミーティングになります。このタイプの職場討議・集会の進め方は、話合いのステップに配慮し、「現状分析⇓原因追求⇓解決策の検討」という流れで行うことです。

④**企画立案型**…新しいレクリエーションの企画や、新たな活動方針を考える際に開かれ

ます。参加者に自由にアイデアを出してもらい、自由な雰囲気を作ることが求められます。参加者一人ひとりの意見を尊重することも重要になります。

組合役員は、職場集会の目的をしっかり把握し、その会議の進行に一番適した方法を選択し、リードしていくコミュニケーション力が求められることになります。

組合役員は、会議は最大の「時間泥棒」であることを認識し、限られた時間内で多くの人からの意見を求め、会議の目的達成に向け細心の注意を払うことになります。

▨会議の目的達成に向けた重要ポイント

① 事前の進行スケジュール作り
② キーマンへの事前の打合せ
③ 会議の冒頭に終了時間を宣言する
④ 欠席者への資料及び議事録の配布
⑤ 会議結果の実行プランの検討

とくに議事録の配布が重要です。職場集会に出られなかった人に議事録を配布しておくことで、職場集会の内容が伝わります。欠席者が、議事録で会議の内容を知ることができると、次回の会議を円滑に進めることもできます。

5　チームとしての「上手な仕事の進め方」

今まで、個人としての「上手な仕事の進め方」について述べてきました。しかし、組織において仕事をする場合、いくら個人が自分の仕事を効率よく遂行しても、全体としての効率が上がらないこともあります。そこで次に、労働組合の取り組む「ワーク・ライフ・バランス」の中のチームとしての取組みを考えてみたいと思います。

リーダーの役割が重要

職制においては、管理職やマネジャーがここでいうリーダーになりますが、労働組合においては支部長、書記長、執行委員など職場委員に対して指示・命令する権限を持った人と考えてください。リーダーは、各人に依頼した仕事の内容と個々人の保有能力を勘案し、適材適所に仕事を配分することが求められます。

そのとき重要なのが、特定の人に「仕事の負荷」が偏ることのないような配慮です。一般的に、事務処理能力の高い人に、仕事が集中する傾向にあります。ついついリーダーは「あの人に任せておけば間違いない」「あの人は、事務処理能力があるから多少多めに仕事を担当してもらっても大丈夫」という考えを持ちがちです。

リーダーは、労働組合においてのワーク・ライフ・バランスを実現するためには、男性組合員の働きすぎの問題を改善することが必要であることを再認識しておいてください。労働組合の置かれている状況を適切に判断し、特定の人に仕事が偏重し過ぎないよう各メンバーの仕事量を調整しなければなりません。

そこで必要なツールがコミュニケーションです。リーダーには、お互いを思いやるコミュニケーションにより、協力し合いながら仕事を進めていく役割が求められます。労働組合の最も重要な役割が、コミュニケーションであることを思い出してください。

また、任せた仕事の進捗状況を適宜確認し、協力の姿勢を示すことも非常に重要です。メンバーが仕事を仕上げてくれたときには、「ありがとう」のねぎらいの言葉をかけることも忘れてはいけません。人間は、他の人から認められていると感じることでモチベーションを高めることができるのです。

ギスギスした職場を改善するにも「ありがとう」が重要であることは、前述の通りですが、リーダーとメンバーの「上手な仕事の進め方」においても、その効果を確認しておいてください。

お互いの時間を無駄にしない配慮

次に、チームによる「上手な仕事の進め方」の中で、ぜひ取り上げてもらいたいのが「5S」の実践です。5Sは、通常、製造業やサービス業などの職場環境改善に用いられる手法で、5Sが完璧にできている会社ほど利益が出ているともいわれています。

各職場で徹底する5つの業務管理の頭文字がSになっていることから5Sといわれています。

「5S」とは

整理…いるものといらないものを分け、いらないものを捨てること

整頓…決められた物を決められた場所に置き、いつでも取り出せる状態にしておくこと
清掃…常に掃除をして、職場を清潔に保つこと
清潔…前記3つの「S」を維持すること
躾……ルールを決め、確実にそれを守る習慣をつける

5Sは、どれも当たり前のことのように聞こえますし、壁に標語として貼り出している事務所などもよく見かけますが、実践できていないのが実態です。よく、業務の効率を阻害している要因としてあげられるのが「必要な書類を探すための時間」です。あるべきところに必要物を保管しておく習慣ができていれば、そのような無駄な時間は削減できるはずです。

また、労働組合の業務の棚卸しも「整理」に含まれます。形骸化している業務を思い切って整理することにより、効率の良い組合運営が可能になるはずです。

5Sにより、職場や工場の美観を保つことも重要ですが、それ以上に社員のモチベーション向上の効果もみてとれます。整理整頓することは、今流行の「見える化」を併せて実行できるというメリットもあります。労働組合の中の今まで気が付かなかった問題点が顕在化し、全員

でその改善に取り組むことにより、労働組合の「見える化」が実現できる可能性も高まるはずです。

お互いの活動を「見える化」することなしには、仕事と労働組合の両立を図ることはできません。5Sを継続することも、簡単ではありません。しかし、労働組合の活動の中に5Sの習慣をメンバーの協力の基に作り上げることができると、必ずや上手な仕事の進め方が実践されていくことになるでしょう。

労働組合の役割が重要

「上手な仕事の進め方」についていろいろなツールを紹介してきましたが、実際に活用してみて、自分に合った形に作り変えていく必要があります。そのためにも、組合役員が率先して取り組まなければタイムマネジメントは進みません。「会議の進め方」や労働組合の「優先順位のつけ方」などに取り組み、「労働組合の上手な運営」を考えてもらいたいものです。

個人の働き方の習慣を変えることは簡単ではありません。行動を変えるためには、考え方を変えていくことが求められます。そのためにも、組合役員がまず自分たちの問題を明確にし、その解決に向けた「上手な仕事の進め方」を実践しなければなりません。

組合役員の中には、今までやってきたやり方を変えることに抵抗を示す人も少なからずいます。しかし、組合員にとって「生き甲斐・働き甲斐」のある職場を作り上げ、自分が本当にやりたい仕事を見つけ出し、自己実現を目指し取り組んでいくには、労働組合のサポートが求められます。

労働組合にとって、賃上げ交渉に代わる大きなテーマとして、「ワーク・ライフ・バランス」への取組みを検討する時期にきています。個人のタイムマネジメントの実践を実現するために、労働組合自身のタイムマネジメントを真剣に考え、組合役員が全員で取り組み、自分たちにとってやりやすい形を作り上げていってもらいたいと思います。

第7章

組合員でない人への対応

非組合員の組織化の是非を考える

〈ケーススタディ〉

◆パートタイム労働者の組織化

近年、大手流通業を中心にパートタイム労働者の組織化の動きも出てきていますが、百貨店F社の労働組合は、2000年よりパートタイマーの組織化に取り組んでいます。

同社の雇用形態は、正社員、販売のスペシャリストのメイト社員、サムタイマー社員とパートタイマーとなっています。サムタイマー社員は、週契約が27時間以上の社会保険加入者と27時間未満の社会保険未加入者に分けられています。

正社員に代わりパート社員が増加してきた状況や、人件費の負担をどうコントロールするかの課題に直面し、同組合は、パート社員の組合員化の必要性を会社と協議しました。1998年に労使で組織化プロジェクトをつくる合意形成がなされ、社会保険に加入しているサムタイマー社員の組織化から検討を開始しました。

同労組のパートタイム組織化のねらいとしては、「同じ職場で働く仲間の総合福祉向上と社会的な地位向上」「多様な雇用形態を前提とした、社内の一体感の醸成、職場の活性化、労働生産性の向上」「労働組合の主体的な組織運営の堅持、組織防衛」があげられています。

初めは、組織化の意義、重要性を執行部内で十分に議論し、理解を深め、意思を統一することから手がけました。パート社員の組織化は、組合の主体的な活動ですが、健全な労使関係を前提に進めることが求められ、会社側にも組織化の意義を理解してもらうことが必要でした。

１９９９年前半にはサムタイマー社員全員を対象とした意識調査も実施し、それを踏まえ同年10月には組織化の基本的考え方を提示し、２０００年の定期大会で正式に社会保険加入者のサムタイマー社員から組合に加入してもらうことになりました。

同組合の書記長は、「組織化はあくまで方法論であり『何のために組織化するのか』という目的を見失わないようにしなければいけない。組織化の評価は、組織化後の組合活動の実践にあると考えている」といっています。

また、「組合の組織化は、単に組織を拡大するだけはでなく、組合のあり方を根本的に見直す好機である。今後の労働組合は、雇用の流動化を背景にする中で、限られた雇用形態だけの範囲に留まる活動ばかりに固執していると、組合自体の存在意義や組織の衰退を招かざるを得ないという強い危機意識が不可欠である」ともいっています。

2010年の春季生活闘争において、労働組合の総元締めである連合は、非正社員の待遇改善を運動方針に掲げました。いまや働く人の3人に1人の割合にまで高まってきた非正社員の問題は、将来のわが国の憂慮すべき状態を物語っています。

また管理職は、労働組合のあるほとんどの企業において、通常、組合員の範囲に該当しません。労働組合で取り扱う問題は、一般社員の労働条件の向上を中心に行われています。

しかし、企業が管理職という肩書きがあるだけで、残業代を払わないとか、長時間労働を当然のように実施している実態が、「名ばかり管理職」の問題として取り上げられました。

労働組合は、自分たち組合員の求める労働条件の改善や経済的満足を獲得すれば存在価値がある、という考え方でいいのでしょうか。

管理職であるがため、職場で孤立しがちである立場の人や、正社員に比べ社会的にも経済的にも弱い立場にある非正社員に対して、労働組合としてどのように取り組んでいくかについて考えてみたいと思います。

1　上司との関係を考える

管理職が一番悩んでいる

一般の組合員は、普段は労働組合を意識して働いていません。日常業務では、上司との関係に基づいて、その指揮命令下において仕事をしています。仕事上の問題や個人的な問題も、一般的には上司に相談します。上司は管理職であることもあり、管理職は非組合員であることが一般的な形です。

組合員にとり一番近い存在である管理職は、そのまた上の上司の管理下に置かれている場合もあります。管理職は、自分の上司と部下である組合員の狭間にあり、苦労している実態も指摘されています。

管理職は、成果主義の人事制度の中、経費削減や人員削減の状況にも置かれています。日々の業務に追いまくられ、部下の育成に時間を費やすことができず悩んでいる人もいます。

「ミドルマネジメント層が会社から放置されているのです。お金も人も足りない状況なのに、会社は中間管理職に自立型人間というラベルを貼り、現場のことは現場で片付けろと突き放

す」（『プレジデント』２０１０年5月3日号）

第2章では、職場の閉塞感を解消するためには、組合員間のコミュニケーションが重要であると説明しました。しかし、それ以上に上司と部下のコミュニケーションが仕事を進めていく上では重要です。

上司と部下のコミュニケーションを円滑に進めていくためには、労働組合は組合員のコミュニケーション力の向上だけでなく、経営と管理職に対する働きかけも行い、仕事がスムーズに進められる環境を整備していかなければなりません。

管理職は、組合員よりも会社の制度変更の方向や職場で起きている問題を知らないことがあります。組合員は、機関紙、職場集会、日常のコミュニケーション、労使交渉の結果などから会社の実態を知ることができますが、管理職にはその手段がありません。

ある組合で聞いたところによると、「毎月、管理職が、組合事務所に機関紙をもらいに来て、会社の流れを把握している」そうです。

成果主義の人事制度の中において、管理職が一番悩んでいる存在なのかもしれません。

労働組合の管理職へのアプローチ

日ごろの上司の言動が、部下に精神的なストレスを与える危険性があることは、パワー・ハラスメントという形で顕在化されることもあります。組合役員でも、職場においては部下の立場であることがほとんどで、上司の指示命令に基づいて職務を遂行する役割を担うことになります。

しかし、会社の経営状況や組合員のモチベーションに関する情報は、部下である組合役員の方が多く持っていることもあります。上司は、自分は「管理職であり組合員ではないから、労働組合から情報を得ることは間違っている」などと考えることなく、部下である組合役員に積極的にアプローチし、会社情報や現場情報を収集する必要があります。

また、組合役員も職場集会やミーティングでの討議及び決定事項は、積極的に上司に報告する習慣を持つことも重要です。上司は、現場で起きている日々の状況はある程度把握できるものの、労働組合から労働条件改善の動きなどを知ることは有意義です。

上司は、労働組合から現場情報を得ることで、日常業務を円滑にできるとともに、部下の指導・育成がスムーズに進むようになります。そのような信頼関係に基づいたマネジメントができることは、ストレスを感じない職場を作り出すことにつながります。また、協働して仕事を進めることによって、成果の達成も図られることになります。

かつては、上司が部下を誘い飲みに行き、「飲みニケーション」を通じ情報交換をする機会がありました。仕事の問題だけでなく、個人的な相談や社会情勢など幅広いテーマが取り上げられ、アフターファイブが重要なコミュニケーションの機会だったのです。今の部下の中には、できるだけプライベートの時間は、上司と共には過ごしたくないという意識を持つ人もいて、上司も拒否されることを想定し、自ら部下を誘うという行動をとらなくなっています。

いま労働組合が、そのような状態の解消に向けての取組みを率先して行う必要性が高まっています。労働組合が、組合員と管理職とのコミュニケーションの場を作り出すことを考えてみてください。

職場集会への管理職の参加を促す

組合の議案を討議するような職場集会には、管理職の参加は難しいでしょうが、職場の環境改善や効果的な仕事の進め方といった内容の職場討議であれば、管理職の参加も問題はありません。むしろ積極的に参加を促してみることです。

「車座のワイガヤ」や「飲みニケーション」の実施も自由な意見交換の場として重要です。

基本的に職場集会は、組合員同士の意見交換の場ですが、管理職が参加することで、職場の問題に対して彼らがどのように考えているのかを知る機会にすることもできます。

上司も、部下とのコミュニケーションを密接にとることで職場運営を円滑に推進できます。その結果生産性が高まることが期待できますから、喜んで討議へ参加してくれるはずです。

その際、職場集会の進行役である組合役員は、事前に管理職に参加してもらうに当たってのルールを打ち合わせておくと、集会がより効果的になります。たとえば、「上司は『傾聴』に努め、自分の考えを前面に出すことは控えてもらう」「部下の個人の問題を取り出して批判するようなことは謹んでもらう」「職場に期待していることを明示してもらう」などを決めておくといいでしょう。

上司と部下の仕事に対する見解は、一致することは少ないものです。部下とのコミュニケーションの場で、上司の仕事の悩みや今後の方針を開示してもらうことにより、部下も、「上司も本当は悩んでいるのだ」「上司は孤独なのだ」ということが理解できます。部下が、上司の気持ちを理解できることにより、仕事への協力度が高まることも期待できます。

納得して仕事に取り組むことが、部下の「やりがい」にとり極めて重要です。「やりがい」を持って仕事ができる状態を作り上げ、職場の閉塞感を改善するような上司も入れた職場集会を実現したいものです。

管理職とのクラブ活動

多くの企業において、IT化が進んできた結果、1日の大半をパソコンの画面と向き合って仕事をする人が増えています。ほとんど、同僚とコミュニケーションをとることもない仕事も存在します。とくに、IT関係の企業やシステム設計の業務に従事している人にその傾向があります。

そこで、そのような「社員の孤立化」を解消するために、社内にクラブ活動を取り入れる企業が出てきています。クラブは、スポーツや学術などに限る必要はありません。共通の趣味を持つ人が集まる会や、「飲みニケーション」を開催してもいいでしょう。「この指とまれ」でメンバーを集め、自分の意思で参加できるようにしておけばよいと思います。

社内美化のために「掃除クラブ」を立ち上げた会社もあります。クラブ員が率先して社内美化に努めることは、社内に働きやすい環境を作り出し、仕事の効率アップにもつながります。

そのとき重要なのが、組合が独自でクラブ活動を立ち上げるのではなく、会社の協力の下に労使共催での運動にすることです。そうすることによって管理職も躊躇することなく参加しやすくなります。

共通の趣味を持つことやスポーツをともに行うことは、仕事における上司と部下の関係とは違う親近感をもたらすこともあり、その親近感が仕事における信頼感に高まることもあるのです。

研究会や勉強会を開催することも有意義です。仕事以外のテーマであっても、歴史や文化、英会話サークルへ組合員と管理職が参加し、知識やスキルの共有化を目指してみてはいかがでしょうか。

また企業は、地域との関係を重視しています。CSR（企業の社会的責任）の取組みも活発になっており、地域との関係を強める活動も面白いかもしれません。

工場を持っている企業であれば、休日に「工場開放デー」などのイベントを行い、地域住民に参加してもらうことで、開かれた会社のイメージを持ってもらう活動なども可能でしょう。

また、環境保全クラブが主体になり、環境保全の活動の一つとして「ビーチ・クリーンアップ活動」などに取り組んでいる例もあります。地域との共生を図ることは、会社だけでなく労働組合にも求められる活動になってきています。

2　求められる非正社員への対応

非正社員の増加は企業の生き残り策

組合員の賃金を向上させることは、総額人件費を低く抑えようとする経営陣との対立を生み出します。労働基準法や労働契約法では、正社員の解雇に対しては非常に厳しい規制が設けられています。そのため、２０００年以降、雇用の調整弁としての非正社員の採用が正社員の減少と反比例する形で増加してきています。

雇用の非正規化は、この十数年において相当の勢いで進みました。連合によると「１９９０年から２００９年の間に、非正規雇用者（パート・アルバイト・派遣・契約社員等）は７割増加し、全雇用労働者の４割近くまでになった」（『連合白書２０１０』）とされています。グローバルな競争に対応し、安価なアジアの労働力と伍していくためには、総人件費をいかに低く抑えることができるかが、経営にとって生き残るための止むを得ない政策だったのです。

しかし、リーマンショックに伴う派遣労働者の製造業における「雇止め」などの影響から、「非正社員数は、２００８年10～12月期に比べると、２００９年1～3月期では、97万人減少した」とされています。それでも、２００９年４～６月期の非正社員数は１６８５万人となっています。

企業、とくに製造業は、非正社員、その多くは派遣労働者を活用し、需要にフレキシブルに対応できる生産体制をとっていました。そして、リーマンショックに伴う減産の際に、真っ先に派遣労働者の契約打ち切り、いわゆる「雇止め」を行いました。派遣労働者を雇用の調整弁のように使用したことに対する問題は、２００８年末の「年越し派遣村」の出現により、多くの国民の関心を集めました。

「労働者派遣法」の見直しにより、今後は製造業への派遣は認められなくなる可能性も出てきています。しかし、派遣労働の規制が強化されることは、非正社員の就業の場が減少し、失業者がさらに増加する可能性があることも指摘されています。

現在の多様な価値観、労働観を背景にした非正社員の出現は、正社員の終身雇用という従来の企業体質を変えました。非正社員という働き方は、働く側にとっても企業に束縛されず、自分の自由に働くことが可能な新たなスタイルであるかのように取り上げられました。

しかし、自由な働き方である一方、非正社員の賃金は低く抑えられています。満足な生活をすることができないワーキングプアとして社会問題になってきています。

現在、各企業の労働組合は、正社員の賃上げ自体もきわめて難しい状況になっています。その中で、非正社員の処遇の向上、とくに昇給や一時金の問題は、総論賛成・各論反対の状況になっています。

非正社員の待遇改善、格差の是正のためには、正社員がまず、自分たち自身の問題だという意識を持つことが肝要です。パートタイマーやアルバイトなど企業が直接雇用する場合はいうまでもありませんが、派遣労働者等の間接雇用の場合でも、彼らの雇用を守り、一定の労働条件が保障されるよう、労使協議の場などを活用し経営に働きかけてもらいたいものです。

企業は、コスト削減を図ることと引換えに、技術力の低下によって国際競争力を失う危険性にあるという事態を招いているともいわれています。今後も、韓国、中国、インドといったアジアの急成長を遂げている国との競争に対処していくためには、優秀な人材の育成に負うところとなりますが、現在の非正社員の増加に伴う、社内のギスギスした状況では、優秀な人材の転出を止めることができなくなっています。

個々の労働組合だけで、非正社員の処遇改善に取り組んでも、簡単に解決できるものではありません。連合をはじめとした上部団体が、政府にも今まで以上に積極的に働きかけていく必要があります。非正社員問題が、将来の日本の社会構造に及ぼす問題を、社会的なテーマとして取り組んでもらいたいと思います。

経済危機は、一時的な現象で収束することがありますが、非正社員の問題をはじめとした社会問題は、長期的視野に立った息の長い取り組みが必要であることを再確認しておかなければなりません。

非正社員の多くは正社員化を希望している

連合が2008年に契約、派遣労働者等を対象に実施したアンケート調査『連合白書2010』によると、「正社員以外として働く最大の理由」に対して「正社員の仕事につけなかったから」との回答が最も多くを占めています。家計についても、39・8%が「家計収入の主たる稼得者である」と答えており、有期契約で働く非正社員を対象にした厚生労働省の調査では、69・8%が生活を賄う主な収入源は、自らの賃金収入であるとしています。

職務内容についても、「正社員と同様の職務に従事している」と答えた割合は36・4%にのぼり、「別水準だが正社員と同水準の職務」(17%)、「正社員より高度な内容の職務」(4・4%)と約6割が正社員と同等以上の職務についていることになります。

その一方で、これら労働者の82・5%は年間の賃金収入が300万円以下であり、うち57・3

%は200万円以下となっています。

このように、非正社員は、できることなら正規社員として働きたいと思いながらも、非正社員としてやむを得ず雇用されている実態を表しています。

連合が実施したアンケートで、職場生活に関する不満・不安について複数回答で聞いたところ、「賃金・一時金が低い」「能力向上が賃金に直結しない」「正社員になれない」「解雇や雇止め」が上位を占めており、同じ調査で今後制度化・拡充して欲しい項目をあげてもらったところ、「定期昇給制度」「一時金・賞与等」がともに6割近くでもっとも多く、以下「退職一時金」「通勤費補助」「育児・介護休業制度」などが続いています。

非正社員の待遇改善は、現在の大きな社会問題であるだけでなく、将来の日本の社会構造を決定するような極めて重要な問題です。

正規雇用から非正規雇用への代替がすすむ中、希望に反して非正規雇用を選択せざるを得ず、家計の主たる収入維持者として正社員並みの職務に就きながら、低賃金・労働条件に置かれている非正社員が多く存在しています。

また、一度正社員としての職を失うと、再び同じ条件で正社員に復帰することはきわめて難しい状況になります。新卒で就職した社員の3人に1人が、3年以内に退職するという実態も指摘されていますが、若者に忍耐の必要性を労働組合も啓蒙していくことが必要なのかもしれません。

未だに残る終身雇用制の弊害

終身雇用制度は、わが国の高度成長を支えた「三種の神器」の一つです。正社員を定年まで雇用することは、従業員の熟練技能形成や忠誠心を高める効果があるといわれていました。また、従業員も期間の定めのない契約を結ぶことで、いつ解雇されるか分からないといった不安を考えず仕事ができ、安定した生活設計がしやすいというメリットもありました。

近年、大企業においては、終身雇用制度の見直しを行い、すでに制度は崩壊しているとの意見も出ています。多くの会社で、高齢者に対し割増退職金支払いによる早期退職制度なども導入していますが、定年まで一つの会社で勤め上げている人は今でもかなりいます。

終身雇用制度で雇用された従業員は、正社員として会社との間に「期間の定めのない雇用」契約を結んでいます。

日本では、正社員に対しての「解雇」が厳しく規制されています。労働契約法においても「解雇は、客観的に合理的な理由を欠き、社会通念上相当であると認められない場合は、その権利を濫用したものとして、無効とする」と定められています。従業員は、会社の解雇権濫用により「解雇」されることがないよう保護されています。

解雇権濫用禁止の規制によって、会社は、正社員の雇用に関しては慎重になります。安易に解雇できない以上、できるだけ会社にとって有益な人材を確保しようとし、非正社員を採用する傾向にあります。契約期間を決めて非正社員として採用された人は、契約期間の満了を持って解雇されても文句は言えません。

一度非正社員としての地位を選択した労働者は、正社員への復帰は容易にできなくなり、厳しい状況におかれることになるのです。

また、製造業は生産拠点を海外に大幅に移転してきています。社員の採用もグローバル化する傾向にあり、国内での就職がますます難しくなってくることも予想されます。

労働組合としては、自社の中長期の正社員の採用計画と非正社員の処遇について、真剣に取り組むことが必要です。労働組合は、組合員のためにあるというような狭小な考えを持たずに、一緒に働いている全ての従業員を対象とするという考え方に基づいて活動を展開したいものです。

パートタイム労働者の組織化

非正社員の中で、パートタイム労働者の組織化は、依然低いレベルにあるものの、毎年着実に進展しています。

職場において、正社員と非正社員が混成チームとなり仕事を進めていく形態が増えています。パートタイム社員の中には、正社員以上の仕事を任せられ、いわゆる「基幹社員」となっている人も少なくありません。しかし、その処遇、とくに賃金の格差は縮まっていません。

かつてパートタイム労働者は、主婦が家計の補助的な収入確保の目的で働いているパターンが一般的でした。そのような場合、夫の扶養になるために年間１０３万円以上の収入を得ることを避けようとする傾向がありました。

女性パートタイム労働者は、女性正社員に対して６割程度の収入しか得ていません。パートタイム労働者は、正社員のように会社から拘束されることがなく、個人や家族の生活を優先することができるから、処遇に関しては低く抑えられているという考え方もありますが、不満を持っている人が出てきています。

最近のパートタイム労働者は、世帯主に扶養されている配偶者だけではなくなってきているという実態があります。その多くは、これから職業生活を始めようとしている若者であるということが問題となっています。

パートタイム労働者の組織化は、労働組合だけの意思でできるものではありません。パートタイマー自身が労働組合に加入することの必要性を感じることが必要です。パートタイム労働者の意見を反映し、彼等が求めている処遇がどのようなもので、正社員とのバランスを維持することができるものかどうかも含め、慎重に対応しなければなりません。

連合総研の調査によれば、パートタイム労働者の7割が「労働組合は必要」と回答していますす。ところが、労働組合への加入となると、その意向を示す割合は5人に1人となり、「わからない」という答えが多数を占めています。

労働組合は、パートタイム労働者の組織化が、パートタイマー自らの待遇改善や意見交換の場として必要であることを分かりやすく啓蒙していくことが必要です。労働組合に加入することのメリットを明示することが求められます。

また、パートタイム労働者の処遇改善というテーマは、給料や賞与、退職金支給といった、経営にとって人件費負担増を迫るものになるでしょう。デフレ下の日本で、競争環境に生き残っていかざるを得ない企業にとり大きな問題を伴います。

労働組合は、パートタイム労働者の組織化について、正社員の待遇に与える影響や経営に及ぼす負担等を十分整理し、経営に提案していくことが必要です。

アルバイト社員の組織化

あるサービス産業の会社は、1万人を超えるアルバイト社員を使用しています。しかし当面は、その会社の労働組合は彼らを組合員にすることは考えていないそうです。パート社員と比べ若年層や学生が多いアルバイト社員は、会社としても正社員化はしにくい状態にあります。しかし、当労組の書記長は「彼等の時給を人並みの生活ができるレベルまで引き上げる努力はしたい」と言っています。アルバイト社員は、小売業やサービス業にとっては、競争激化の中を生き残っていく貴重な戦力です。彼等のモチベーションを維持し、お客さまに満足してもらえるサービスを提供できるかどうかが重要です。

そのためにも労働組合は、彼等の不平・不満を解消できる場を用意することを検討しておく必要があります。マズローの欲求5段階説・第4段階の「承認の欲求」を満たすことを考えることです。確かに、アルバイト社員の時給を引き上げられれば一時的に満足度は向上します。しかし、お金以外の報酬こそが「承認の欲求」を満たすことになります。

管理者や仲間からの賞賛、感謝の気持ちを表す「感謝状」や「サンクスバッチ」等々、それぞれの会社に合った「お金に代わる報酬」を考えてみてもよいでしょう。そのような話合いの場に、アルバイト社員の積極的な参加を求めることも有意義な活動になります。

アルバイト社員を対象に、マッピング・コミュニケーションの変形として、壁に模造紙を張り出し、気軽に自分の考えを書き出すことができるようにしているケースもありました。

会社は、正社員だけのものではありません。アルバイト社員がお客さまとの接点で、活き活きと働いてくれることによって、お客さまの支持を獲得できていることを忘れてはいけません。そのためには、労働組合もアルバイト社員に対するマナー研修をはじめとしたモチベーションアップの働きかけを続けていくことも大切です。

職場のギスギス感の解消を図る

前述の「ワーク・ライフ・バランス」の実現は、正社員に限ったものではありません。同じ会社に働いている多くの非正社員の、仕事と生活のバランスも考慮しなければならない時代になっているのです。

非正社員の組織化をすすめてきた労働組合の事例からは、組織化の取組みが、処遇改善の実現だけでなく、職場コミュニケーションの活性化や従業員の意欲向上を通じた生産性・業績の向上、そして労働組合自体の活性化にも寄与することが分かってきました。

非正社員の組織化と処遇改善は、すべての社員にとって重要であることについて、組合内での意識喚起をはかり、取組みを前進させていくことが必要です。

正社員間でもコミュニケーション不全で「ギスギスした職場」が問題になっていますが、それ以上に正社員と非正社員の待遇面での格差によるギスギス感が、双方のモチベーション低下を招いてしまうことになります。

非正社員に対する取組みは、組合だけの問題ではありません。管理職の中にも、非正社員とどのようにコミュニケーションをとったらいいか分からず苦慮している人もいます。労働組合は、最重要の機能である「コミュニケーション機能」を組合員だけでなく、管理職や非正社員との間でもフルに発揮してもらいたいものです。

企業を取り巻く外部環境はますます厳しくなることが予想される中、従業員は一致団結し、相互理解のもとに協働で仕事をしていかなければなりません。非正社員も含めたコミュニケーションの機会やレクリエーションの場を、労働組合が主体となって作り上げていきましょう。その活動を推進することが「ギスギスした職場」の改革につながっていくのです。

これからの労働組合は、非正規社員の組合加入を促進することで、彼らの労働条件をも守り、安定した生活が送れる支援をしていかなければなりません。

そのためにも、非正社員が自ら参加したくなるだけのメリットを感じさせる組合でなければなりません。組合員だけでなく、非組合員も含めた活発なコミュニケーションの場づくりに取り組んでください。

おわりに

なぜ、労働組合の本を書こうと思ったのか？

日本がこのままでは極めて難しい状況になりそうだからです。

労働組合は、もはやいらない存在ではないか？

従来の「賃上げ」機能を中心に取り組んでいる存在であれば必要なくなる可能性も出てきます。

これからの、労働組合は、社会環境、経営環境の激しい変化の中で、その主な対象である組合員の経済面だけではない、豊かな生活を達成することの支援に本気になって取り組むことが求められてきています。簡単なテーマでないことは、どの組合も認識していることですが、避けては通れないテーマであることだけは確かです。

今回取り上げた内容は、まだまだ十分咀嚼できていない部分もありますが、これからの労働組合活動の方向のいくつかは示せたのではないかと考えています。特に、労働組合の持っている「コミュニケーション機能」は重要です。あらゆる機会を作り、コミュニケーションスキルの向上に取り組んでいってもらいたいと考えています。

本書は労働組合の役割を考えることが大きなねらいです。しかし、それだけでなく、労働組合の無い会社の社員や組合員でないマネジメント層も活用できる内容になっています。より良い会社を作るためには、経営も組合も一緒になって取り組む必要があります。組合と経営のよりよい関係作り「社員の豊かさ実現」を目指してください。

なお、今回の出版に当たっては、ビーケイシーの北村社長に大変お世話になりました。当初から、「労働組合」の活動に理解を示していただき、あらゆる面から貴重なアドバイスもいただきました。

この場を借りてお礼申し上げます。

【参考文献】

第1章

『労働組合「超」活動法』 西尾力（j・union）

第2章

『j・unionレポート』2004年2月号
『不機嫌な職場』 高橋克徳、河合太介、永田稔、渡部幹（講談社現代新書 2008年）
『コミュニケーションのノウハウ・ドゥハウ』 野口吉昭編（PHP研究所 2005年）
『ダイアローグ 対話する組織』 中原淳、長岡健（ダイヤモンド社 2009年）
『対話する力』 堀公俊、中野民夫（日本経済新聞出版社 2009年）
『ストレスしらずの対話術』 齋藤孝（PHP新書 2003年）
『チームビルディング』 堀公俊、加藤彰、加留部貴行（日本経済新聞出版社 2007年）

第3章

『j・unionレポート』2004年9月号
『j・unionレポート』2004年7月号

『現場力を鍛える』　遠藤功（東洋経済新報社　２００４年）
『うつ時代を生き抜くには』　小倉千加子、斎藤由香（フォー・ユー　２０１０年）
『鬱のパワー』　門倉真人（講談社プラスα新書　２００８年）

第4章

『ｊ・ｕｎｉｏｎレポート』２００４年４月号
『経営学』　小倉昌男（日経ＢＰ社　１９９９年）
『現代の経営』　Ｐ・Ｆ・ドラッカー（ダイヤモンド社　１９６５年）
『管理者のための目標設定マネジメント』　岩崎秀一、村上和成（生産性出版　２００１年）

第5章

『ｊ・ｕｎｉｏｎレポート』２００４年８月号
『バランス・スコアカードの知識』　吉川武男（日本経済新聞社　２００６年）
『バランス・スコカード構築』　吉川武男（生産性出版　２００３年）

第6章

『ｊ・ｕｎｉｏｎレポート』２００４年８月号
『7つの習慣』　スティーブン・コヴィー（キング・ベアー社　１９９６年）

『図解　仕事ができる人のタイムマネジメント』　行本明説（東洋経済新報社　２００２年）
『職場討議・集会の進め方』　西尾力（ｊ・ｕｎｉｏｎ　２００１年）

第7章

『２０１０連合白書』（日本労働組合総連合会　２０１０年）

髙橋　基樹（たかはし　もとき）

1951年東京都生まれ。1975年慶応大学法学部卒業。サッポロビール株式会社入社。営業及びマーケティング業務を25年担当。1999年末に同社を退社しコンサルティング業務を開始。2002年から２年間、Ｐ＆Ｓコミュニケーションズ（現 j. union）に勤務し、労働組合向けセミナー講師、組合活性化コンサルティングを行う。2007年４月にヒューマンバリュー研究所を設立し、現在に至る。中小企業診断士、社会保険労務士。

現在、組織活性化コンサルティング業務の他、企業、行政向けには「段取り力」向上セミナー、目標管理制度定着セミナー、管理職の役割研修などの評価が高い。組合向けには、「組合役員の役割」「問題解決」「コミュニケーション力向上」等のセミナー講師も手がけている。

ヒューマンバリュー研究所
〒169-0075 東京都新宿区高田馬場1-31-8 高田馬場ダイカンプラザ921
TEL：03-5875-9090　FAX：03-5875-9041
e-mail　info@h-value.net
ホームページ　http://h-value.net/

これからの「労働組合」の話をしよう

著　　者●髙橋基樹《たかはしもとき》
発　　行●2011年３月８日初版第１刷発行
発 行 者●北村善三
発 行 所●株式会社ビーケイシー
〒102-0074　東京都千代田区九段南４-５-11
TEL 03-5226-5061　FAX 03-5226-5067
URL http://www.bkc.co.jp　E-mail info@bkc.co.jp
装　　丁●武田夕子
印刷・製本●啓文堂

©Motoki Takahashi 2011, Printed in Japan
ISBN978-4-939051-47-0　C0034

落丁・乱丁本はお取り替えをいたします。ご面倒ですが小社宛お送りください。

●最新のコミュニケーション方法をやさしく解説！

「第三世代」の解決志向（SF）コミュニケーション

咲かせたい花に水をあげましょう

F・ピーコック 著　伊藤喜代次 企画・監修　青木安輝 監訳　鈴木尚子 翻訳

問題の原因ではなく解決に目を向けた、解決志向コミュニケーションを、著者の体験談や多彩な寓話をもとにやさしく解説。誰もが持っている潜在能力に光を当て、ワクワク感の中で可能性の追求と将来の成功を勝ち取る。欲しい未来を実現するための最新のコミュニケーションスキルの実践的入門書。

◆新書判・上製・208頁
◆定価：1,200円（税別）

■ 主要目次 ■

第１章◆絶対の真理なんてない
第２章◆三つの世代のコミュニケーション論
第３章◆解決志向型アプローチ
第４章◆メタ・ビリーフ
第５章◆三つの基本的ルール
第６章◆三つの協働の型
第７章◆人は自分の現実を構築する
第８章◆エリクソンが前提とした原則
第９章◆協働
第10章◆抵抗すれば問題は長引く
第11章◆急いで変わろうとしなくていい！
第12章◆協働の哲学＝イルカの哲学

●希望とは、人を幸せにする社会を創ろうとする意志である

希望の経営学

竹内　倫樹　著

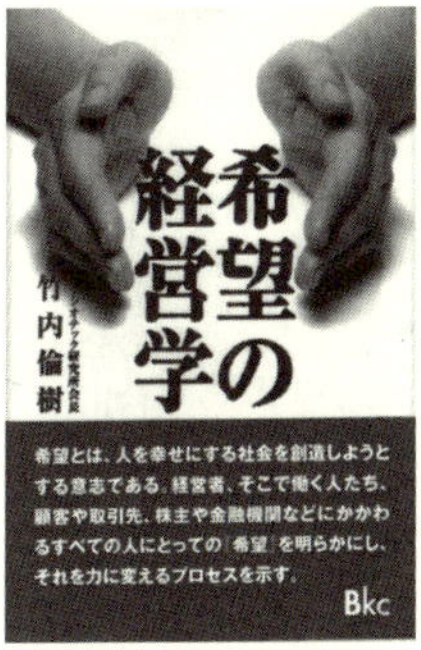

◆四六判・上製・244頁
◆定価：1,600円（税別）

■　主要目次　■

第１章◆現実の直視
第２章◆復元への足がかり
第３章◆ダウントレンドの原因
第４章◆夜明け前
第５章◆新たな萌芽
第６章◆進路決定の条件
第７章◆物学としての温故知新
第８章◆未来創造のマネジメント
第９章◆挑戦への出発
第10章◆希望に向けて

明日への希望は、人間や社会を変革する力になれる。一般的な幸福論や希望論ではなく、企業とそこで働く人たち、経営者や従業員はもとより、顧客や取引先、株主や金融機関など、関わる人すべてにとっての『希望』を明らかにし、それを力に変えるプロセスを示す。

●中国と関わるすべての方の必読書

失敗事例から学ぶ中国ビジネス

今、あなたが中国行きを命じられたら

高田 拓 著

中国進出の日本企業が抱えている最大の課題は、債権回収と現地での人材育成です。松下電器（中国）有限公司の元取締役が、自ら体験した「現場・現物・現実」にもとづく豊富な失敗事例、体験事例で生き生きと紹介。いま中国ビジネスで悩む管理者、これから中国と関係を持つかもしれない関係者にとって多くの示唆に富む、中国と向き合うための本。

◆四六判・292頁
◆定価：1,800円（税別）

■ 主要目次 ■